大學生創新創業指導

主　編　蔡松伯、王東暉、王小方
副主編　吳　非、朱　李、晏華英
　　　　梅　園、李劍虹

財經錢線

前言

　　當今社會科學技術突飛猛進，知識更新的速度日益加快，科技成果商品化、產業化的週期越來越短。社會經濟領域日新月異的背后，都有一個共同的因素在起著重要的推動作用：創新。當前，世界新一輪科技革命和產業變革正在孕育興起，以科技創新、產業創新、商業模式創新、管理創新為主要內容的世界創新浪潮風起雲湧，成為推動人類進步和世界經濟增長的重要引擎。

　　人才是推動創新的決定因素和重要支撐，而人才的培育和成長搖籃在高校。因此，高度重視大學生創新創業和管理工作，要求採取切實措施，以創業帶動就業。近年來，各校在加強大學生創新創業與管理教育、指導、服務和開展大學生創新創業與管理實踐等方面做了大量工作，也取得了一定的成效，但這些還遠遠不夠，需要我們挖掘的潛力和空間還十分巨大。

　　基於此，編者在《大學生創新創業與管理攻略》（主編：蔡松伯、王東暉、吳非；2015年9月出版）的基礎上，結合自己多年的教學經驗，編寫了本書。力求讓大學生在高校通過系統學習、嚴格訓練、強化提高，在思想認識、觀念理念、行為舉措等方面取得創新突破，使創新和創業意識增強、觀念更新、措施得當、效果明顯，從而充分提升大學生綜合素質，切實培養和鍛煉大學生的創新意識。本書主體分為三大部分：創新和創新能力、創業和創業能力、管理和管理能力。每章節以概念性知識介紹為開端，讓大學生認識和掌握知識點的基本情況；然后以課堂活動和課后思考實踐等知識點來使大學生得到充分學習和鍛煉。

　　在本書的編寫過程中借鑒、參考了大量創新創業與管理方面的文獻資料和近幾年出版的大學生創新創業方面的出版物，在此，對這些文獻資料的作者表示衷心感謝。由於編者水平有限，書中難免有錯漏不妥之處，敬請讀者批評指正。

編　者

目錄

第一章　樹立創新意識　　1

第一節　創新概述　　1
一、創新的含義　　1
二、創新的分類　　3
三、創新的特徵　　3
四、創新的作用　　5

第二節　確立創新意識　　7
一、創新意識的含義　　7
二、創新意識的激發　　8
三、培養大學生創新意識的途徑　　9

第二章　激發創新思維　　11

第一節　創新思維　　11
一、創新思維的含義　　11
二、創新思維的基本原理　　12
三、創新思維的基本特徵　　14
四、創新思維的特點　　16
五、創新思維的作用和意義　　17

第二節　創新思維的訓練　　20
一、發散思維訓練　　20

二、平面思維訓練	22
三、立體思維訓練	26
四、邏輯思維訓練	28
五、逆向思維訓練	32

第三章　提升大學生創業意識　36

第一節　創業意識的內涵　36
　　一、什麼是創業意識　36
　　二、創業意識的內容　37
　　三、創業意識的重要性　38
　　四、培養創業意識的方法　38
第二節　創業者的基本素質　40
　　一、創業者　40
　　二、創業者需要具備的基本素質　40
　　三、創業素質的提高途徑　42
第三節　增強創業能力　44
　　一、創業者應具備的創業能力　44
　　二、為什麼創業者要具備創業能力　46
　　三、如何增強創業能力　46

第四章　創業機會識別　51

第一節　創業機會與創業環境　51
　　一、創業機會概述　51
　　二、創業環境概述　54
第二節　篩選企業想法　59
　　一、什麼是企業想法　59

二、產生你的企業想法　　60
　　三、篩選你的企業想法　　61
第三節　市場調查　　63
　　一、市場調查的含義　　63
　　二、市場調查的分類　　64
　　三、市場調查的步驟　　66
　　四、市場調查的內容　　66
　　五、市場調查方法　　67
　　六、市場調查的必要性　　68

第五章　創業資源整合　　71

第一節　創業團隊　　71
　　一、創業團隊概述　　71
　　二、創業團隊的特徵　　73
　　三、創業團隊的管理　　75
第二節　創業計劃　　79
　　一、創業計劃的內容　　79
　　二、創業計劃的基本結構　　82
　　三、創業計劃的問題和困難　　84
　　四、創業計劃書的編寫　　85
　　五、創業計劃書的展示技巧　　87
　　六、企業計劃的作用　　88
第三節　融資管理　　89
　　一、創業融資的含義　　89
　　二、創業融資的渠道　　90
　　三、創業融資的選擇策略　　93
第四節　創業資源　　96

一、人脈資源　　　　　　　　　　　　　　　　96
　　二、人才資源　　　　　　　　　　　　　　　　97
　　三、信息資源　　　　　　　　　　　　　　　　98
　　四、技術資源　　　　　　　　　　　　　　　　99
　　五、資產資源　　　　　　　　　　　　　　　 100
　　六、行業資源　　　　　　　　　　　　　　　 100
　　七、政府資源　　　　　　　　　　　　　　　 101

第六章　如何成功創辦企業　　　　　　　　　　 105

第一節　成功創業的準備　　　　　　　　　　　　 105
　　一、創辦企業面臨的挑戰　　　　　　　　　　 105
　　二、創業面臨的外部壓力和風險　　　　　　　 112
第二節　用法律保護企業　　　　　　　　　　　　 115
　　一、企業相關法律知識　　　　　　　　　　　 115
　　二、工商行政登記以及企業納稅　　　　　　　 116

第七章　新辦企業的管理　　　　　　　　　　　　118

第一節　企業的日常管理　　　　　　　　　　　　 118
　　一、企業日常管理概述　　　　　　　　　　　 118
　　二、人力資源管理　　　　　　　　　　　　　 121
　　三、績效考評管理　　　　　　　　　　　　　 130
　　四、薪酬管理　　　　　　　　　　　　　　　 141
第二節　企業風險管理概述　　　　　　　　　　　 150
　　一、企業風險的概述　　　　　　　　　　　　 150
　　二、企業風險構成因素　　　　　　　　　　　 151
　　三、企業風險管理　　　　　　　　　　　　　 154

第八章　創新創業政策　164

第一節　創新創業相關政策　164
　一、國家的相關政策　164
　二、四川省相關政策　167
第二節　創新創業相關法　170
　一、創新創業的主要法律　170
　二、創新創業的主要法規　171

第一章　樹立創新意識

　　創新是一個民族進步的靈魂，是一個國家興旺發達的不竭動力。當今世界的競爭，歸根到底是綜合國力的競爭，實質則是知識總量、人才素質和科技質量的競爭。創新是淘汰舊的東西、創造新的東西。它是一切事物向前發展的根本動力，是事物內部新的進步因素通過矛盾鬥爭戰勝舊的落后的因素，最終發展成為新事物的過程。因此，當代大學生應該加強創新意識的培養，為建設創新型國家做出貢獻。

通過本章學習，你將能夠：
1. 掌握創新的內涵和原則；
2. 認識創新的目的和意義；
3. 學會如何確立創新意識；
4. 評估自己的創新意識水平。

第一節　創新概述

一、創新的含義

　　　　　距離已經消失，要麼創新，要麼死亡。

　　　　　　　　　　　　　　　　　　——托馬斯·彼得斯

　　什麼叫創新？《伊索寓言》裡的一個小故事給我們一個形象的解釋。
　　一個暴風雨的日子，有一個窮人到富人家討飯。

大學生創新創業指導

「滾開！」僕人說，「不要來打擾我們。」

窮人說：「只要讓我進去，在你們的火爐上烤干衣服就行了。」僕人以為這不需要花費什麼，就讓他進去了。

這個可憐人，請求廚娘給他一個小鍋，以便他「煮點石頭湯喝」。

「石頭湯？」廚娘說，「我想看看你怎樣能用石頭做成湯。」於是她就答應了。窮人於是到路上揀了塊石頭洗淨後放在鍋裡煮。

「可是，你總得放點鹽吧。」廚娘說，她給他一些鹽，后來又給了豌豆、薄荷、香菜。最后，她又把能夠收拾到的碎肉末都放在湯裡。

想必你能猜到，這個可憐人后來把石頭撈出來扔在路上，美美地喝了一鍋肉湯。

如果這個窮人對僕人說：「行行好吧！請給我一鍋肉湯。」會得到什麼結果呢？結果不言而喻。這就是創新思維的力量！因此，伊索在故事結尾處總結道：「堅持下去，方法正確，你就能成功。」

「創新」一詞起源於拉丁語。它有三層含義：其一，更新；其二，創造新的東西；其三，改變。根據《漢語大辭典》的解釋，「創新」有「創立或創造新的」之義。從詞源上分析，「創」主要指破壞，是開始「做」，「新」是剛獲得、剛出現的，與「舊」對應，側重指事物在性質上改變得更好，是沒有使用過的。二者聯繫起來，則主要指拋棄舊事物、創造新事物，具有鮮明的創造特徵。

隨著時間的推移和社會與文化的變遷，「創新」的含義被賦予了不同的詮釋。儘管時代的烙印使其發生了改變，但萬變不離其宗。從一般含義上來說，創新是淘汰舊的東西，創造新的東西。它是一切事物向前發展的根本動力，是事物內部新的進步因素通過矛盾鬥爭戰勝舊的落后的因素，最終發展成為新事物的過程。現在人們所講的各種創新，是指對原有事物進行改革或改造，即革除原有事物中不合理和不合規律、阻礙其發展的各種因素，促進事物向好的方向發展。

第一章　樹立創新意識

二、創新的分類

從不同的角度看，創新有以下幾種分類方法：
（1）按照創新的規模和影響程度，可將其劃分為局部創新與整體創新。
（2）按照創新與環境的關係，可將其劃分為防禦性創新和攻擊性創新。
（3）按照組織系統組建的過程，可將其劃分為系統初建期的創新和運行中的創新。
（4）按照創新的組織形式，可將其劃分為自發創新和有組織的創新。

三、創新的特徵

創新活動具有以下幾個主要的特徵：

（一）創造性

創新是創造性的思想觀念及其實踐活動。創新活動及其成果是創造性的勞動及其結晶，是前人或別人沒能認識、做到或沒能更好利用的；即使是同類活動及其成果，創新也意味著有質的改進和提高或實現了更好利用。創新者應解放思想，開拓進取，勇於變革和革新，勇於從事創造性的思維及其實踐活動。

（二）高風險性

創新活動的創造性也決定它具有風險性。實踐證明，創新是否成功以及在多大程度上獲得成功，存在著高度的不確定性，因而具有高風險性。從總體上講，獲得成功並收到預期效果的創新，往往不是多數而是少數，甚至是極少數。創新一旦失敗，不僅創新過程的大量投入無法收回，而且會錯過發展機會，損害企業的市場競爭能力。在企業裡，創新的風險主要有市場風險和技術風險。市場風險表現在很難把握市場需要的基本特徵並將這些特徵融入創新過程，因而創新的決策和最終結果很難說能否為用戶所接受、為市場所歡迎，能否超越競爭對手。技術風險表現在能否克服研究開發、商品化過程的技術難題和高成本問題，因而存在技術上能否成功

的不確定性。同時，創新也存在管理上的風險。當然，創新充滿風險並不是說它比守舊的風險還大。因循守舊、故步自封存在著使組織萎縮甚至被淘汰的風險，因此，只有創新，組織才有希望、才有生機和活力。認識創新的高風險，充分考慮到創新成功的不確定性，其目的是要採取多方面的措施減少風險，增大創新的成功率，這是管理的創新職能所在。

（三）高效益性

創新一旦成功，就能獲得極高的甚至是意料不到的效益。創新的風險高，但效益更高，創新的高效益性和高風險性呈正相關關係。從總體上講，創新獲得的效率和效益（經濟效益、社會效益、生態效益）要大於創新的投入和風險造成的損失。企業的創新不僅使企業在市場上具有競爭優勢，而且使它有可能在一定範圍、一定時間、一定程度上處於壟斷地位，獲得超額收益。當然，這種地位會隨技術的擴散或更高水平的創新出現而喪失。具有遠見卓識的管理者總是追求不斷創新。

（四）系統性

創新的系統性主要表現在：從創新的過程看，創新是涉及戰略、市場調查、預測、決策、研究開發、設計、安裝、調試、生產、管理、行銷等一系列過程的系統活動。這一系統活動是一個完整的鏈條，其中任何一個環節出現失誤都會影響企業的創新效果。從創新的影響因素看，創新活動受技術、經濟、社會等諸多外部因素的影響。在企業內部，與經營過程息息相關的經營思想、管理體制、組織結構的狀況也會影響企業的創新效果。從創新的參與人員看，創新是由許多人共同努力的結果，需要眾多部門和人員的相互協調和相互作用，以產出系統的協同效應，使創新達到預期的目的。

（五）動態性

事物是發展變化的，不僅組織的外部環境和內部條件在不斷發生變化，而且組織的創新能力也要不斷累積、不斷提高，決定創新能力的創新要素也都在進行動態調整。從企業間的競爭來看，隨著企業創新的擴散，企業的競爭優勢將會消失，這就需要不斷推動新的一輪又一輪的創新，不斷確立企業的競爭優勢。因此，創新不是靜止的，而是動態的。不同時期組織的創新內容、方式、水平是不同的。從組織發展的總趨勢看，前一時期低水平的創新，總是要被后一個時期高水平的創新所替代。創新活動的不斷開展和創新水平的不斷提高，正是推動組織發展的動力。

（六）時機性

創新的時機性是指創新的機會往往存在於一定的時間範圍內。如果人們能正確認識客觀存在的時機，抓住並充分利用時機，就有可能獲得創新的成功；相反，如果人們錯過時機，創新活動就會前功盡棄。由於消費者的偏好不同並處於不斷的變化中，同時社會的整體技術水平也在不斷提高，創新的時機在不同方向上不同，甚至在同一方向也隨著階段性的不同而不同。而且由於創新成果的確認和保護與時間密切相關，人們只能承認和保護那些在第一時間獲得確認並以專利形式表現出來的

第一章　樹立創新意識

創新成果。創新的時機性特徵，決定了創新者在進行創新決策時必須根據市場變化趨勢、社會技術水平和專利信息狀況等進行方向選擇，識別該方向的創新所處的階段，選準切入點，搶先獲得創新成果。

四、創新的作用

(一) 創新是企業改善市場環境的重要手段

首先，通過產品創新可以改善現有市場條件。因為，產品創新能加速新技術、新工藝、新材料在產品生產中的應用，能提高產品質量，更好地滿足消費者的需要，從而提高產品在市場上的競爭力，改變用戶對企業產品的看法。其次，通過創新可以形成新的市場，使企業在更廣闊的市場中進行選擇，因為，如果企業的創新成果能滿足消費者需要，就會給企業帶來新的用戶。最後，若企業創新的成果是首次進入新的市場領域，它將具有領先者的優勢，一定程度上決定著市場規模和產品價格。

(二) 創新是企業生存和發展的基礎

現代企業始終處在一個動態、多變、競爭激烈的環境下，要想生存和發展，且要生存和發展得好，就必須改革、創新。因為社會在發展，科技在進步，產品在更新，只有創新才能趕上時代的潮流，站到科技領域的前沿，才能占領市場。

(三) 創新是企業實現持續發展的重要源泉

企業持續發展是指企業不僅能在特定的條件下實現發展，而且能在變化的條件下發展；不僅在短期內實現發展，而且能在較長的時間內實現發展。

(四) 創新是企業提升素質和提高經濟效益的根本途徑

通過技術創新，可以改善研製條件，提高研製能力，提高企業的基本素質，從而改進產品或設計，開發或推廣新技術、新工藝，加速新工藝在企業中的應用，降低成本，提高生產效率；通過管理創新和組織創新，可以改善企業管理，完善企業組織，重塑企業市場形象，開發企業創新人才等，從而提升企業行為素質，提高企業適應市場的能力和工作效率，全面提高企業經濟效益。

(五) 創新是提高企業競爭力的有效方式

企業要發展，必須面對激烈的市場競爭，而要想在市場競爭中佔有一席之地，必須從知識經濟的要求出發，從市場環境的變化出發，不斷調整自己的經營發展戰略，在調整過程中不斷進行創新。企業只有通過技術、管理、制度、市場、觀念、戰略等諸方面的創造和創新，才能適應市場運行的法則——優勝劣汰，在市場競爭中占據主動，成為競爭的優勝者。

(六) 創新可以利用剩余生產能力，產生聯動效應

企業由賣方市場轉向買方市場，中國經濟整體上呈現出供大於求的情況，不少企業的生產能力過剩，企業資源利用率低。但如果能開動腦筋，積極開拓，結合實際，深入瞭解市場，在技術上和市場經營上大膽創新，就有可能充分利用現有剩余

的生產能力，生產出滿足消費者需要的新產品，獲得社會效益和企業效益。同時，一種產品尤其是新產品成功進入市場後，隨著該產品銷售量的增加，其他相關產品的銷售量也會隨之增加，這就是創新的聯動效應。

【案例分析】

創新思維

　　日本的兵庫縣有一個丹波村，交通很不方便，村子很窮，沒什麼特產。為使村子富起來，村人請了很有經驗的井坂弘毅先生來做顧問。井坂先生考慮：要使這個村子富起來，就得想辦法使之「商品化」，可是這裡有什麼東西可賣呢？井坂先生絞盡腦汁，突然靈機一動：如今在物質文明中生活的現代人，厭倦了城市的喧囂，對「原始」生活自有嘗試的興趣，因而說服村裡人在樹上築屋而居。

　　很快，新聞傳開了。不少城市人爭相湧入這個小村，為的是體驗另一種生活方式。

　　隨著觀光人數的增加，丹波村的收入大大增加。他們蓋起了漂亮的餐廳、旅館，公路也鋪好了，汽車可以直達村前。然而，來旅遊的人反而日漸減少。因為這裡曾經吸引人的是極不方便的原始生活方式，而現在卻什麼都有了，與城市沒什麼兩樣，城市人還來這裡幹什麼呢？

　　然而，出售「原始」已經使丹波人走向現代，改變了落後面貌。

　　辯證唯物主義認為，創造性思維就是以科學理論為指導，面對實際，敢於提出新問題、解決新問題，創造性思維的一個重要表現就是要敢於打破常規，進行逆向思維。

　　思考：如果你是一名大學生村幹部，可以通過什麼方法帶領村民走上致富的道路呢？

【課堂活動】

　　內容：打破思維定式。

　　目的：通過小游戲，讓同學打破思維定式。

　　要求：現在請12位同學上來做一個小游戲。這12個同學平均分為兩隊，要把放在地上的兩個鑰匙扣撿起來，再把鑰匙扣從隊首傳到隊尾。游戲規則是必須按照順序，並使鑰匙扣接觸到每個同學的手。現在兩隊比賽看看，哪一隊能在最短的時間內完成這一游戲，贏了的那一組可以獲得一份神秘的獎品。

　　思路：最快的方法是拋開傳遞的方式，把兩個鑰匙扣扣在一起，把手扣成圓筒狀，疊在一起，形成一個通道，讓鑰匙扣像自由落體一樣地從上落下來，即按了順序，同時也接觸了每個人的手。

第一章　樹立創新意識

【課后思考實踐】

1. 一個食品店一次接到一個刁鑽古怪的顧客的訂貨單。訂貨單上面寫道：「定做九塊蛋糕，但要裝在四個盒子裡，而且每個盒子裡至少要裝三塊蛋糕。」這位顧客傲慢地說：「貴店不是以講信譽聞名遠近嗎？如果連這點小事都辦不了，今后還是把招牌砸掉算了！」

如果你是食品店的店員，你能想出辦法來嗎？

2. 開關與燈的配對

有兩間房，一間房裡有三盞燈，另一間房有控制這三盞燈的三個開關（這兩間房是分割開的，毫無聯繫）。

現在要你分別進入這兩間房各一次，然后判斷這三盞燈分別由哪個開關控制的。（注意每間房只能進入一次，三盞燈均為白熾燈泡）你是如何做到的呢？

 第二節　確立創新意識

一、創新意識的含義

創新意識是指人們根據社會和個體生活發展的需要，引發創造前所未有的事物或觀念的動機，並在創造活動中表現出的意向、願望和設想。它是人類意識活動中的一種積極的、富有成果性的表現形式，是人們進行創造活動的出發點和內在動力。它是創造性思維和創造力的前提。

創新意識始於積極思維，始於提問。因此，培養大學生創新意識要注重以下幾個方面：

（1）注重培養求知欲。學而創、創而學是創新的根本途徑。青年要具備勤奮求知精神，不斷地學習新知識，才能在自主創新中發揮生力軍作用。

（2）注重培養好奇欲。將蒙昧時期的好奇心向求知時期的好奇心轉化，這是堅持、發展好奇心的重要環節。要對自己接觸到的現象保持旺盛的好奇心，要敢於在新奇的現象面前提出問題，不要怕提出的問題簡單，不要怕被人恥笑。

（3）注重培養創造欲。不滿足於現成的思想、觀點、方法及物體的質量、功用，要經常思考如何在原有基礎上創新發明、推陳出新，大腦裡經常有「能否換個角度看問題？有沒有更簡捷有效的方法和途徑」等問題浮現。

（4）注重培養質疑欲。學起於思，思源於疑。有疑問才能促使學生去思考，去探索，去創新。因此，要鼓勵青年大膽質疑、提出多種解決問題的方案及最佳方法。從多角度培養青年的思維能力，激勵青年創新。鼓勵青年提問，大膽質疑，是培養青年創新意識的重要途徑。提出問題是取得知識的先導，只有提出問題，才能解決

7

問題，從而認識才能前進。一定要以銳不可當的開拓精神，樹立和提高自己的自信心，既要尊重名人和權威，虛心學習他們的豐富知識經驗，又要敢於超越他們，在他們已進行的創造性勞動的基礎上再進行新的創造。

創新意識的培養是一種嚴肅、嚴密、嚴格的創造活動，要按客觀規律辦事；不能把創新意識培養簡單化、表象化和庸俗化，不能降低創新精神的科學性和嚴肅性。大學生在培養創新意識的過程中一定要注意樹立科學的創新理念，明確創新的真實含義，既要面對現狀勇於創新，又要防止把創新當時髦，空談誤國，把創新當成沒有實質性新內涵的新提法、新名詞；既要著眼於解決現有手段不能解決的問題，又要著眼於用發展的眼光、發展的思維制定解決未來可能出現的新情況、新問題的措施。

風靡全國的桌上游戲《三國殺》，其創始人黃愷正是一位標準的大學生創業者。黃愷2004年考上中國傳媒大學動畫學院游戲設計專業，他在大學時期就開始「不務正業」，模仿國外桌遊設計出了具有中國特色、符合國人娛樂風格的桌遊《三國殺》。2006年10月，大二的黃愷開始在淘寶網上販賣《三國殺》，沒想到大受歡迎，而畢業後的黃愷並沒有任何找工作的打算，而是借了5萬元註冊了一家公司，開始做起《三國殺》的生意，2009年6月底《三國殺》成為中國被移植至網遊平臺的一款桌上游戲，2010年《三國殺》正版桌遊售出200多萬套。粗略估計，《三國殺》迄今給黃愷帶來了幾千萬元的收益，並且隨著《三國殺》品牌的發展，收益還會繼續增加。

大學生一定要注意把創新精神培養與科學求知態度結合起來，克服重創新的過程，輕創新的結果；克服重創新的數量，輕創新的質量；克服重一般的技術創造，輕科技含量高的、核心技術的創新的思想。與此同時，也要注意把創新精神培養與繼承中華民族優秀傳統文化緊密結合，「天行健，君子以自強不息。」大力弘揚以愛國主義為核心的民族精神和以改革創新為核心的時代精神，與時俱進，增強民族自信心和自豪感，增強自己培養創新意識的信心、勇氣和能力。

二、創新意識的激發

創新意識作為一種複雜的心理活動，來源於想像力。可以說，想像力是創新的基礎，沒有想像力，就沒有創造，善於創造就必須善於想像，特別是科學地想像。在人類歷史發展的長河裡，許多偉大的科學家、發明家、思想家和藝術家都具有豐富的想像力，許多偉大的科學理論和發明創造都萌芽於想像。

愛因斯坦認為，想像力比知識更重要。因為知識是有限的、相對固定的，而想像力是知識進化的源泉，是科學研究的動力。可以說，沒有想像力，就沒有創新；沒有創新，就沒有歷史的進化和人類的進步。因此，激發創新意識，發揮想像力，是促進個人、企業乃至一個國家發展的必由之路。

第一章　樹立創新意識

激發創新意識，可以從身邊做起，從我們已知的一切入手，如街邊的路牌、途中的風景、吃飯的餐具、工作的桌椅，等等。很多人都有上網購物的習慣，這不僅是累積各方面知識及瞭解時下流行視覺趨勢的好方法，無形中也豐富了我們的創意閱歷，為借鑑創意打下了良好的基礎。在工作中，當我們為找不出一個好的創意解決方案而撓頭時，可以利用日常工作、生活中的所見所聞，從其中的一個點或者一個表現出發，借鑑其成功之處，拓寬創意思路，往往可以做出優質的創新設計。

【案例分析】

鐵血網創始人——蔣磊

鐵血網創始人蔣磊是典型的大學生創業者，16歲保送清華，創辦鐵血軍事網，20歲再經保送碩博連讀，中途退學創業。如今，鐵血網穩居中國十大獨立軍事類網站榜首，鐵血軍品行也成為中國最大的軍品類電子商務網站，年營收破億元，利潤破千萬元。

時光倒回2001年，16歲的蔣磊初入清華園，電腦還沒有在這個普通宿舍出現，他只能去機房搗鼓他的網頁，他想把自己喜歡的軍事小說整合到自己的網頁上，他的「虛擬軍事」網頁一發布，就吸引了大量用戶，第二天就達到了上百的瀏覽量。蔣磊很興奮。他把「虛擬軍事」更名為「鐵血軍事網」。

2004年4月，蔣磊和另一個創始人歐陽湊了十多萬元，註冊了鐵血科技公司。期間蔣磊還被保送清華碩博連讀學習了一陣。2006年1月1日，蔣磊最終頂住了家庭以及學校的壓力毅然決定輟學創業，以CEO的身分正式出現在鐵血科技公司的辦公室裡。經過12年的努力，目前蔣磊的公司擁有員工200余人，他創辦的網站已成為能夠提供社區、電子商務、在線閱讀、游戲等產品的綜合平臺。據透露，截至2012年12月，網站已有1,000萬名註冊會員，正處於穩步且高速的增長中。

三、培養大學生創新意識的途徑

培養大學生創新意識的途徑有很多種。唯物辯證法認為：外因是變化的條件，內因則是變化的根據，外因通過內因起作用。任何具體事物的運動、變化、發展都是內因和外因的統一。因此，探尋培養大學生創新意識的途徑，需要內因與外因相結合。

第一，打破定勢思維，培養懷疑精神。定勢思維，又稱為「習慣性思維」，是人們學習和實際生活過程中長期累積而形成的一種思維活動、經驗教訓和思維習慣，往往是個人經驗思維、從眾思維或權威思維。因為思維的定勢會導致人們在實踐中

大學生創新創業指導

已有知識和經驗的負遷移，沒有新突破，因此，當代大學生要培養自身的創新意識和創新能力，就要打破墨守成規、千篇一律的定勢思維，採取科學的、實事求是的態度對待定式思維，培養自己的批判性思維。美國科學學創始人默頓把懷疑精神概括為科學研究主體的「精神氣質」。懷疑精神是指人類不迷信傳統、權威，不相信終極真理存在，反對教條主義和權威主義的理性批判精神；是敢於向舊思想、舊理論挑戰的一種實證精神和創新品質。學起於思，思源於疑。懷疑精神和批判思維是創新意識形成和發展的思想源泉。

第二，拓寬知識視野，完善智能結構。完善旳知識和能力結構與開闊的知識視野是大學生自主創新意識形成的根基，為大學生創新意識培養奠定深厚基礎，也是創新型人才培養的直接動力與源泉。

第三，提高大學生的人文素質，有助於拓寬大學生的知識視野、完善知識和能力結構，也是大學生創新意識培養的一個重要組成部分。當代大學生的人文素質的培養雖然也備受關注，但是人文素質整體水平還有待於提升。人文素質應該包括文學素養、藝術修養、愛國主義精神、責任感、事業心、拼搏精神等方面，這些相關的課程可以加入學校的選修課系列中。高校要充分發揮網路、多媒體的作用，拓寬人文素質教育的空間；在課餘時間，學生自己要主動多參加豐富多彩的課外人文素質教育活動，這些辦法對於提高大學生的創新意識與能力的培養起著非常重要和不可忽視的作用。

【課堂活動】

　　內容：從多個角度思考問題。

　　目的：通過把問題放在不同的環境中進行思考，從多個角度思考問題，發現新的想法。

　　題目：報紙的用途。

　　要求：你能具體想像出多少種報紙的用途？越具體越多越好，請同學們試試看。

【課后思考實踐】

　　舉例說明你所熟知的創新小故事並說說你從中得到的啓發。

第二章　激發創新思維

　　創新思維是指以新穎獨創的方法解決問題的思維過程，通過這種思維能突破常規思維的界限，以超常規甚至反常規的方法、視角去思考問題，提出與眾不同的解決方案，從而產生新穎的、獨到的、有社會意義的思維成果。創新思維是人類創造力的核心和思維的最高級形式，是人類思維活動中最積極、最活躍和最富有成果的一種思維形式。人類社會的進步與發展離不開知識的增長與發展，而知識的增長與發展又是創新思維的結果。所以，創新思維比之上述思維的其他形式更能體現人的主觀能動性。

　　通過本章學習，你將能夠：
　　1. 掌握創新思維的定義；
　　2. 認識創新思維的特徵；
　　3. 瞭解培養創新思維的意義；
　　4. 訓練自己的創新思維。

● 第一節　創新思維

一、創新思維的含義

　　創新思維是指以新穎獨創的方法解決問題的思維過程，通過這種思維能突破常規思維的界限，以超常規甚至反常規的方法、視角去思考問題，提出與眾不同的解決方案，從而產生新穎的、獨到的、有社會意義的思維成果。其本質在於將創新意

大學生創新創業指導

識的感性願望提升到理性的探索上，實現創新活動由感性認識到理性思考的飛躍。

二、創新思維的基本原理

（一）遷移原理

遷移原理分為原型啓發、相似原理、移植原理三種類型。

1. 原型啓發

原型啓發是指根據自然界已存在的事物和現象的功能和結構，受到啓發，產生新的思想、觀念和技術。

鋸子的發明：中國古代木匠魯班發明的鋸子就是典型的原型啓發。一次，魯班在爬山時，不小心被茅草劃破了手，他觀察發現茅草葉片邊緣呈細齒狀。於是，他受到葉片細齒產生鋒利現象的啓發，發明了木工用的鋸子。魯班也因此成為木匠的創始人。

充氣輪胎的發明：英國醫生鄧禄普發現兒子在卵石上騎自行車，顛簸得很厲害。那時車胎還沒有充氣內胎，他一直擔心兒子會受傷。后來他在花園中澆水，手裡感到橡膠管的彈性，他從這裡受到啓發，便用水管制成了第一個充氣輪胎。

2. 相似原理

相似就是根據兩個相同或相近的事物，把其中一個事物的結構和原理應用到另一個事物上。

汽化器的發明：美國工程師杜里埃認為，為了保證內燃機有效地工作，必須使汽油和空氣能均勻地混合，他一直在尋找解決這一問題的辦法。當他看到妻子噴灑香水，便創造了汽化器，汽化器與噴霧器相似，這是相似原理的體現。

第二章　激發創新思維

3. 移植原理

移植是指將某個領域的原理、方法、結構、用途等移植到另一個領域中去，從而產生新的事物和觀念。它山之石，可以攻玉。移植原理就是把一個研究對象的概念、原理和方法等運用於其他研究之中。

英國醫生黎斯特把這一原理直接移植到外科手術上，從而創造了手術消毒的新的工作方法，手術獲得了極大的成功。依照兩棲動物的生理特點，科學家發明了水陸兩用交通工具。仿照人的手掌、手指，科學家又發明了挖土機。還有如剪刀、鉗子、起子、木梳等，都是仿生移植的效應。

（二）組合原理

組合很容易導致創造發明，甚至也能導致重大的創造發明。例如，我們常見到的多用櫃、兩用筆、組合文具盒等，都體現出組合原理。

美國的「阿波羅」登月計劃，可謂是當代最大型的發明創造結晶之一。然而，「阿波羅」計劃的負責人曾直言不諱地講過，「阿波羅」宇宙飛船的技術沒有一項是新的突破，都是採用已有的技術。問題的關鍵在於按照系統學的原理使各部分既精確又協調地組合起來。

（三）分離原理

創造技法中的「減一減」的方法，就是基於這一原理產生的。它與組合原理是完全相反的另一個創造原理。例如，眼科專家把眼鏡的鏡架和鏡片分離出來，發明了一種新型產品——隱形眼鏡，從而縮短了鏡片與眼球之間的距離，同時起到美容和矯正視力的雙重作用。

（四）還原原理

還原原理是指把創新對象的最主要功能抽出來，集中研究實現該功能的手段和方法，從中選取最佳方案。通俗地講，還原原理就是回到根本，抓住關鍵。例如，打火機的發明就是還原原理的具體運用，它把最主要的功能——發火抽象出來，把摩擦發火改為氣體或液體燃燒，從而突破了現有火柴的框框，獲得了一大進步。

（五）相反原理

相反原理是指在創造發明的過程中，當運用某種方法解決不了問題時，改用相反的方法。在發明創造中，有時遇到一個不能解決的難題往往需要迂迴或從其反面或從其側向途徑，則能順利地解決，這就是創造的相反原理。相反原理分為功能相反、結構相反、因果相反和狀態相反四種類型。

1. 功能相反

功能相反是指從已有事物的相反功能去設想和尋求解決問題的新途徑，從而實現創新的思維形式。如德國某造紙廠，因一工人的疏忽生產中少放了一種膠料，制

成了大量不合格的紙張。肇事工人拼命想解救的辦法，慌亂中把墨水灑在了桌子上，隨即用那種紙來擦，結果墨水被吸得乾乾淨淨，「變廢為寶」的念頭在他的頭腦中閃過，就這樣這批紙當作吸墨水紙全部賣了出去。後來又有人做了個帶把的架子，把吸墨水紙裝在上面，一個吸墨器就誕生了。

2. 結構相反

結構相反是指從已有事物的相反結構形式，去設想和尋求解決問題的新途徑的思維形式。如第二次世界大戰后，飛機設計師們把飛機的機翼由「平直機翼」改為「后掠機翼」，使飛機的飛行速度由「亞音速」提高到「超音速」。

3. 因果相反

因果相反是指顛倒已有事物的因果關係，變因為果，去發現新的現象和規律，尋找解決問題的新途徑的思維形式。如在發明史上，奧斯特發現電能生磁，發明電磁鐵。法拉第則利用相反原理提出磁能生電，從而發明發電機。

4. 狀態相反

狀態相反是指根據事物的某一屬性（如正與負、動與靜、進與退、作用與反作用等）的反轉來認識事物，從而引發創新的一種思維形式。如圓珠筆隨筆珠的磨損變小而漏油，提高了筆珠耐磨性後，筆桿耐磨問題又出現了。日本人中田「反過來」考慮這個問題：為何不把注意力放在筆芯上呢？若將筆芯的油量適當減少，使圓珠筆在磨損漏油之前，芯裡的油已經用完，不就無油可漏了嗎？

（六）換元原理

換元是指對不能直接解決的問題採用「替代」方法，使問題得以解決或使創新思維活動深入展開。

換元分析就是要分析事物的三個基本要素——事物、特徵和量值，把不相容的問題轉化為相容的問題，要找出轉化為相容問題的最好辦法。著重研究變換規律，即如何對不相容問題中事物進行變換，使不相容的問題轉化為相容問題時遵守什麼法則。

（七）利用原理

利用專利發明進行創新思維是指創新思維者借鑑已有成果和技術，依據他人的發明專利來啓迪自己的智慧，從而實現創新的過程。

對當代大學生來說，學習和掌握他人的發明專利既是掌握和瞭解現有技術及其轉化的最佳途徑，也是學習和掌握當今科學技術發展最新動態的途徑，加上自己已掌握的科學技術知識以及在這個方面訓練，對實現借鑑、創新是有很大幫助的。

三、創新思維的基本特徵

創新思維是指在創造性活動中，應用新的方案和程序，創造新的思維產品的思維活動。它是在一般思維的基礎上發展起來的多種思維的綜合，有如下四個基本

第二章　激發創新思維

特徵：

(一) 發散思維和集中思維的統一

創新思維主要是發散思維和集中思維的統一。在創新思維中，發散思維和集中思維都是非常重要的，二者缺一不可。然而對於創新思維來說，發散思維更為重要，它是思維創造性的主要體現。發散思維可以突破思維定式和功能固著的局限，重新組合已知的知識經驗，找出許多新的可能的解決問題的方案。它是一種開放性的沒有固定的模式、方向和範圍的，可以「標新立異」「海闊天空」「異想天開」的思維方式。發散思維有流暢性、變通性、獨創性三個指標。

(二) 直覺思維作為創新思維中的重要思維活動

直覺思維作為創新思維中的一個重要思維活動，是指不經過一步步地分析，而迅速地對問題答案做出合理猜測、設想或突然領悟的思維。它是創新思維活躍的一種表現，它不僅是創造發明的先導，還是創造活動的動力。例如，達爾文通過觀察植物幼苗頂端向陽光彎曲，直覺提出「其中有某種物質跑向背光一面」的設想，以后隨科學的發展被證明確有「某種物質」即「植物生長素」。數學領域中的哥德巴赫猜想、費爾馬猜想等都是當初數學大師未經論證而提出的一種直覺判斷，但為後人所確信，並為此進行了論證。直覺思維具有三個特點：一是從整體上把握對象，而不是拘泥於細枝末節；二是對問題的實質的一種洞察，而不是停留於問題的表面現象；三是一種跳躍式思維，而不是按部就班地展開思維過程。直覺思維是在知識經驗的基礎上形成和進行的，豐富的知識經驗有助於人們形成深邃的直覺。

(三) 創造想像助力創新思維

創造想像助力創新思維。因為創新思維的成果都是前所未有的，而個體在進行思維時借助於想像，特別是創造想像來進行探索。創新思維只有創造想像參與，才能從最高水平上對現有知識經驗進行改造、組合，構築出最完整、最理想的新形象。例如，牛頓的萬有引力定律的提出就是以地球繞太陽運轉、月亮繞地球運轉、大海潮汐現象、蘋果落地等事實為前提，先在頭腦中進行創造想像，然後進行推理而產生的。世界著名的物理學家愛因斯坦在高度抽象的理論物理領域中有許多傑出的創造性成果，他大多是運用創造想像來進行研究的。他對想像力的評價是：「想像力比知識更重要，因為知識是有限的，而想像力概括著世界的一切，推動著進步，並且是知識進化的源泉。嚴格地說，想像力是科學研究的根本因素。」

(四) 靈感觸發創新思維

靈感觸發創新。在創新思維過程中，新的解決問題的思路、方案的產生往往帶有突然性，這種突然產生新思路、新方案的狀態，稱為靈感。它常給人一種豁然開朗、妙思突發的體驗，使百思不得其解的問題頓釋。對許多科學家的調查表明，他

們在發明創造過程中，大多出現過靈感。靈感並不是什麼神祕之物，它是思考者長期累積知識經驗、勤於思考的結果。

四、創新思維的特點

（一）獨創性

獨創性是創新思維的基本特點。創新思維活動是新穎的獨特的思維過程，它打破傳統和習慣，不按部就班，解放思想，向陳規戒律挑戰，對常規事物懷疑，否定原有的框框，銳意改革，勇於創新。在創新思維過程中，人的思維積極活躍，能從與眾不同的新角度提出問題，探索開拓別人沒認識或者沒完全認識的新領域，以獨到的見解分析問題，用新的途徑、方法解決問題，善於提出新的假說，善於想像出新的形象，思維過程中能獨闢蹊徑，標新立異，革新首創。

（二）多向性

創新思維不受傳統的單一的思想觀念限制，思路開闊，從全方位提出問題，能提出較多的設想和答案，選擇面寬廣。思路若受阻，遇有難題，能靈活變換某種因素，從新角度去思考，調整思路，善於巧妙地轉變思維方向，產生適合時宜的新辦法。

（三）綜合性

創新思維能把大量的觀察材料、事實和概念綜合在一起，進行概括、整理，形成科學的概念和體系。創新思維能對佔有的材料進行深入分析，把握其個性特點，再從中歸納出事物規律。

（四）聯動性

創新思維具有由此及彼的聯動性，是創新思維所具有的重要的思維能力。聯動方向有三個方向：一是看到一種現象，就向縱深思考，探究其產生原因；二是逆向，發現一種現象，則想到它的反面；三是橫向，能聯想到與其相似或相關的事物。總之，創新思維的聯動性表現為由淺入深，由小及大，觸類旁通，舉一反三，從而獲得新的認識、新的發現。

（五）跨越性

創新思維的思維進程帶有很大的跨越性，省略了思維步驟，思維跨度較大，具有明顯的跳躍性和直覺性。

第二章　激發創新思維

五、創新思維的作用和意義

（一）創新思維的作用

1. 創造性思維可以不斷地增加人類知識的總量

創造性思維因其對象的潛在特徵，表明它是向著未知或不完全知的領域進軍，不斷擴大著人們的認識範圍，不斷地把未被認識的東西變為可以認識和已經認識的東西，科學上每一次發現和創造，都增加著人類的知識總量，為人類由必然王國進入自由王國不斷地創造著條件。

2. 創造性思維可以不斷地提高人類的認識能力

創造性思維的特徵已表明，創造性思維是一種高超的藝術，創造性思維活動及過程中的內在的東西是無法模仿的。這內在的東西就是創造性思維能力。這種能力的獲得依賴於人們對歷史和現狀的深刻瞭解，依賴於敏銳的觀察能力和分析問題的能力，依賴於平時知識的累積和知識面的拓展。

3. 創造性思維可以為實踐開闢新的局面

創造性思維的獨創性與風險性特徵賦予了它敢於探索和創新的精神，在這種精神的支配下，人們不滿足於現狀，不滿足於已有的知識和經驗，總是力圖探索客觀世界中還未被認識的本質和規律，並以此為指導，進行開拓性的實踐，開闢出人類實踐活動的新領域。在中國，正是鄧小平基於創造性的思維，提出了中國特色社會主義理論，才有了中國翻天覆地的變化，才有了今天轟轟烈烈的改革實踐。相反，若沒有創造性的思維，人類躺在已有的知識和經驗上，坐享其成，那麼，人類的實踐活動只能停留在原有的水平上，實踐活動的領域也非常狹小。

4. 創造性思維是將來人類的主要活動方式和內容

歷史上曾經發生過的工業革命沒有完全把人從體力勞動中解放出來，而目前世界範圍內的新技術革命，帶來了生產的變革；全面的自動化，把人從機械勞動和機器中解放出來，從事著控制信息、編製程序的腦力勞動；而人工智能技術的推廣和應用，使人所從事的一些簡單的、具有一定邏輯規則的思維活動，可以交給「人工智能」去完成，從而又部分地把人從簡單腦力勞動中解放出來。這樣，人將有充分的精力把自己的知識、智力用於創造性的思維活動，把人類的文明推向一個新的高度。

大學生創新創業指導

(二) 創新思維的意義

1. 創新思維促使知識融會貫通，知識優化組合

知識是多種多樣的，一個人只能掌握一定量的知識，而由於創新思維的產生土壤絕不是貧瘠和單一的，這樣就促使人們瞭解「上至天文，下至地理」多個領域，使知識的門類涉獵更廣、體系化更強，同時在不斷的思考和學習中，達到知識的融會貫通，知識優化組合。

2. 創新思維促使企業自主創新，培養國際品牌

中國的民族品牌的樹立，需要依靠自主創新，企業的產品沒有創新就沒有市場，企業的發展沒有創新就難以維持，管理陳舊沒有創新難免死氣沉沉，企業可能缺乏競爭力。因此創新思維對於企業而言，尤其重要。縱觀當前國際市場，民族品牌屈指可數，寥寥無幾，2008年的前世界500強新鮮出爐，前50強中，沒有一家中國企業。究其原因，中國企業沒有自主研發和創新的能力，亦步亦趨只能甘為人後。

中國的強大，離不開民族企業的發展，民族性國際品牌樹立，是一個國家綜合國力、經濟實力的側面體現，因此民族品牌的樹立，企業文化創新、研發創新、管理模式創新等，都離不開創新思維的支持。

3. 創新思維能解放想像力，促進教育體制的完善發展

隨著社會的發展，創新作用越來越顯示出巨大的作用。當前中國基礎教育進行「新課改」，提倡素質教育。而創新思維就是素質教育之一——創新素質的核心。而基礎教育「新課改」的實行，促進學生的多方面能力發展，促使學生的自主能動性得以發揮，想像力得到激發和保護。而想像力的延伸和發展，就是創新思維的源泉，因此創新思維促進了教育體制的完善發展，而這對社會的明天、民族的未來至關重要。

4. 創新思維能促進社會重視創意產業發展，督促立法體制的完善

當今行業類別寬泛，新興行業的興起需要創新思維，而很多藝術創作或文學創作行業同樣需要創新思維。這些需要豐富的想像力、創造力進行不斷創作的行業中，一個缺乏想像力、創造力的人，很難出激發人們思考、引起人們共鳴的好作品。

針對這些行業門類，想像力和創造力，就是評判他們是否適合此行業發展的標準。而對通過想像創造而出的原創作品的推崇，會促進人們以及社會對原創作品的保護意識。這樣重視創新，有意識地保護創新思維成果，也促進了尊重原創，反對剽竊的行業正氣，從而激發行業的蓬勃發展，推進對此類行業知識產權保護等的立

第二章　激發創新思維

法，促進中國法律法規的完善。

【案例分析】

緊腿裙與可口可樂瓶

1923年的一天上午，美國某玻璃瓶廠工人路透的久別女友來看望他。這天，女友穿著時興的緊腿裙，實在漂亮極了。這種裙子在膝部附近變窄，凸出了人體的線條美。約會后，路透突發奇想：為何不把又沉又重的可口可樂瓶設計成這種緊腿裙的式樣呢？於是，路透迅速按照裙子樣式製作了一個瓶子，接著作為圖案設計進行專利登記，然后將這種瓶子設計帶到可口可樂公司。

可口可樂公司的史密斯經理看后大為讚賞，馬上與路透簽訂了一份合同，約定每生產12打瓶子付給路透5美分。這就是可口可樂飲料現在所用的瓶樣。目前這種瓶子的生產數量已經達到760億只，路透所得的金額，約值18億美元之巨。路透欣賞女友漂亮的裙子，想到改變又沉又重的可口可樂瓶形狀，是靈感思維使他的靈感創新思維發揮了作用。

分析：這個案例讓我們不難理解靈感出現是有基本條件的：首先，要對研究的問題有一個長時間的思考，這種苦思冥想是靈感產生的前提。靈感的出現是對某問題的一切方面經過深入考慮之后達到的瓜熟蒂落、水到渠成的境界。其次，注意力高度集中在所要解決的問題上，甚至達到痴迷的程度。這樣可以全身心投入思考，使要解決的問題時時縈繞在心。最后，靈感出現的最佳時機是在長期緊張思考之后的短暫松弛狀態下出現的，可能是在散步、洗澡、釣魚、交談、舒適地躺在床上的時候或其他比較輕松的時刻。因為緊張后的輕松之時，大腦靈活，感受力強，最易產生聯想、觸發新意。

【課堂活動】

給出一個氣球，請同學們說出看到這個氣球還能想到些什麼。（或者說這個氣球還能做什麼。比如：有浮力，可以做游泳圈；可以做小朋友的小游泳池；可以當成球來玩；等等。）

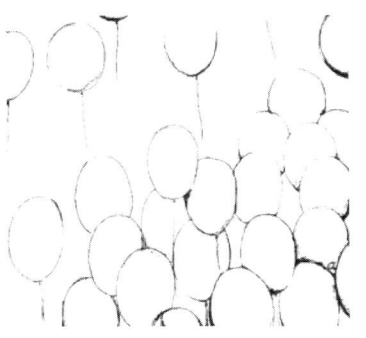

【課后思考實踐】

1. 在生活中有哪些創新的小技巧？對你的生活有些什麼改變？
2. 舉例說明生活中有哪些熟知的創新型企業家，並總結他們不同的創新點。

第二節　創新思維的訓練

一、發散思維訓練

（一）發散思維的含義

發散思維又稱放射思維、輻射思維、擴散思維和求異思維，是指大腦在思維時呈現的一種擴散狀態的思維模式。發散思維是從一個問題（信息）出發，突破原有的圈，充分發揮想像力，經不同的途徑、方向，以新的視角去探索，重組眼前的和記憶中的信息，產生出多種設想、答案，使問題得到圓滿解決的思維方法。

（二）發散思維的特點

1. 流暢性

流暢性就是觀念的自由發揮，指單位時間內產生設想和答案的多少或者指在盡可能短的時間內生成並表達出盡可能多的思維觀念以及較快地適應、消化新的思想觀念。如磚、繩子、紙等的用途。

流暢性衡量思維發散的速度（單位時間的量），可以看成發散思維「量」的指標，是基礎。其包括字詞的流暢性、圖形的流暢性、觀念的流暢性、聯想的流暢性以及表達的流暢性。其中，字詞的流暢性和表達的流暢性顯得更為重要。

2. 變通性

變通性是指提出設想或答案方向上所表現出的靈活程度，是克服人們頭腦中某種自己設置的僵化的思維框架，按照某一新的方向來思考問題的過程。

變通性是發散思維的「質」指標，表現了發散思維的靈活性，是思維發散的關鍵。變通性是指知識運用上的靈活性，觀察問題的多層次、多視角。

3. 獨特性

獨特性是指人們在發散思維中做出不同尋常的異於他人的新奇反應的能力。獨特性是發散思維的本質，表現發散思維的新奇成分，是思維發散的目的。

獨特性也可稱為獨創性、求異性，這一點是創新思維的基本特徵和標誌。沒有這個特徵的思維活動，都不屬於創新思維，這是發散思維的最高目標，能形成與眾不同的獨特見解，讓思維活動進入創新的高級階段。

4. 多感官性

發散性思維不僅運用視覺思維和聽覺思維，而且也充分利用其他感官接收信息並進行加工。發散思維還與情感有著密切的關係。如果思維者能夠想辦法激發興趣，產生激情，把信息感性化，賦予信息以感情色彩，那麼就會提高發散思維的速度與效果。

在日常的學習生活中，我們要特別重視多感官訓練，通過調動身體各個器官，體驗視覺、聽覺、嗅覺、觸覺等感官刺激，減緩不正常張力變化、消除焦慮不安的

第二章　激發創新思維

情緒，全方位地激發興趣，全身心地為學習服務。

（三）發散思維的作用

發散思維具有以下三方面的積極作用：

首先是核心性作用。發散思維在整個創新思維結構中的核心作用十分明顯。美國著名心理學家吉爾福特（Guilford，1897—1987）（發散思維概念就是由他首先提出的）說過：「正是發散思維，使我們看到了創新思維的最明顯標誌。」我們可以這樣看：想像是人腦創新活動的源泉，聯想使源泉匯合，而發散思維就為這個源泉的流淌提供了廣闊的通道。發散思維從一個小小的點出發，衝破邏輯思維的慣性，讓想像思維的翅膀在廣闊的太空自由地飛翔，創造性想像才得以形成。

其次是基礎性作用。創新思維的技巧性方法中，有許多都是與發散思維有密切關係的。著名的奧斯本智力激勵法中最重要的一條原則就是自由暢想，它要求不受一切限制地去尋找解決問題的辦法，這實際上就是鼓勵參與者進行發散思維。

最后是保障性作用。發散思維的主要功能就是為隨后的其他思維提供盡可能多的解決方案。這些方案不可能每一個都十分正確、有價值，但是一定要在數量上有足夠的保證。如果沒有發散思維提供大量的可供選擇的方案、設想，其他思維就無事可做。可見，發散思維在整個創新思維過程中，實際上起著后勤保障的重要作用。

（四）發散思維的訓練原則

1. 考慮所有因素

盡可能周全地從各個方面考察和思考一個問題，這對問題的探索、解決特別有用。

2. 預測各種結果

思考一個問題時應考慮各種「后果」或最終可能出現的結局。這有利於對事物的發展有較明確的預測，並從中尋求最佳的結局模式。

3. 嘗試思維跳躍

當解決某個問題遇到困難時，可以採用思維跳躍的方法，即不從正面直接入手，而是另闢蹊徑，從側面來突破。

4. 尋求多種方案

思考問題時，可快速「掃描」並指向事物或問題的各個點、線、面、立體空間，尋找多種方案，並對方案進行深入思考，從而找到全新的思路和方法。

（五）發散思維的訓練方法

1. 材料發散法

這是指以某個物品盡可能多的「材料」，以其為發散點，設想它的多種用途。如回形針的用途：把紙或文件別在一起，做發夾……

2. 功能發散法

這是指從某事物的功能出發，構想出獲得該功能的各種可能性。

21

3. 結構發散法

這是指以某事物的結構為發散點，設想出利用該結構的各種可能性。

4. 形態發散法

這是指以事物的形態為發散點，設想出利用某種形態的各種可能性。

5. 組合發散法

這是指以某事物為發散點，盡可能多地把它與別的事物進行組合。

6. 方法發散法

這是指以人們解決問題或製造物品的某種方法為擴散點，設想出利用該種方法的各種可能性。如說出用「吹」的方法可能做的事或解決的問題：吹氣球、吹蠟燭、吹口哨……

7. 因果發散法

這是指以某個事物發展的結果為發散點，推測出造成該結果的各種原因，或者由原因推測出可能產生的各種結果。如推測「玻璃杯碎了」的原因：手沒抓住；掉落地上碎了；被某物碰碎了……

8. 假設推測法

這是指假設的問題不論是任意選取的，還是有所限定的，所涉及的都應當是與事實相反的情況，是暫時不可能的或是現實不存在的事物對象和狀態。由假設推測法得出的觀念可能大多是不切實際的、荒謬的、不可行的，這並不重要，重要的是有些觀念在經過轉換後，可以成為合理的有用的思想。

二、平面思維訓練

（一）平面思維的含義

平面思維是線性思維向著縱橫兩個方向擴張的結果。當思維定向、中心確定以後，它就要從幾個方面去分析說明這個問題。當這些點並不構成空間而是處於同一平面不同方位的時候，思維就進入了平面思維。平面思維，可以從不同的方面去說明思維的中心，可以相對地達到認識某一方面的全面性。養成了這種思維習慣的人，喜歡進行橫向的平面比較，橫向擴大了視野，平面寬於直線，因而優於一維思維，同時，二維思維還能將橫向的現實知識與縱向的歷史知識結合起來進行思考。

橫向思維概念由英國學者愛德華·德波諾於 1976 年首次提出，它與縱向思維的概念相對應。橫向的也有側面的、從旁的、至側面的意思，故「橫向思維」也可稱為「側向思維」。

愛德華·德波諾提出了一些促進橫向思維的方法：對問題本身產生多種選擇方案；打破定勢，提出富有挑戰性的假設；對頭腦中冒出的新主意不要急著做是非判斷；反向思考，用與已建立的模式完全相反的方式思維，以產生新的思想；對他人的建議持開放態度，讓一個人頭腦中的主意刺激另一個人頭腦裡的東西，形成交叉

第二章　激發創新思維

刺激；擴大接觸面，尋求隨機信息刺激，以獲得有益的聯想和啓發等。

縱向思維是指思維從對象不同層面切入、縱向跳躍，帶有突破性、遞進性、漸變的聯繫過程特點。具有這種思維特點的人，對事物的見解往往入木三分，一針見血，對事物動態把握的能力較強，具有預見性。

(二) 點的思維、線性思維以及平面思維的比較

點的思維是平面思維的開端或起點。一般來說，人們捕捉思維對象時，在確定研究方向、選擇進攻點時，作為表現思維出發點或中心的思維過程，就是點的思維。點的思維又叫零維思維，它既無長度又無寬度。養成零維思維的人，容易將思維固定於某個觀點或某個對象上面，不會由此及彼，不會將該點與其他相關的點聯繫起來，具有凝固、僵化的頑症，因而往往一葉障目，不見廬山真面目，在思想上表現出難以想像的主觀性與片面性。

線性思維是點的思維的延伸或擴展。它有長度但無寬度，具有單一性和定向性的特徵。線性思維也叫一維思維，表現為單純的縱向的思維方式。具有這種思維方式的人喜歡進行歷史模擬，單向性地回憶，注意傳統的延續性、經驗的有效性。而對外來的東西往往本能地抵制，對周圍各種有益的意見，常常採取拒斥的態度；在實際工作中，講話、行文常常引經據典，套話連篇，唯恐別人說自己不正統，而又特別喜歡談及別人不正統；從事學術研究，則習慣於整理、考據、疏正、解釋聖人、皇上、偉人們的學說，只能沿著某個固定的方向或向前引申，或向後回溯。因此，習慣於線性思維的人，雖然思維也有運動，但運動極其有限，缺乏應有的多向思考的靈活性。

線性思維可以分為正向線性思維和逆向線性思維。正向線性思維的特點是：思維從某一個點開始，沿著正向向前以線性拓展，經過一個點或是幾個點，最終得到思維的正確結果，在答題中則表現為最終得到正確的答案。

(三) 平面思維的培養與訓練

平面思維是人的各種思維線條在平面上聚散交錯，也就是哲學意義上的普遍聯繫，這種思維更具有跳躍性和廣闊性，聯繫和想像是它的本質。我們通常所說的形象思維屬於平面思維的範疇。例如什麼樣的東西可以做成一幅「畫」呢？對於這個問題的回答很多人會選擇紙和墨。但曾經就有一個畫家用他母親的頭髮做成了他母親的頭像。由此可見，這個問題不是簡單的線條型的單向思維能回答的。如果我們把「畫」字放在一個平面上，同所有可以想像到的名詞聯繫起來，我們就會發現頭髮、石頭、蝴蝶翅膀、金屬、麥草、樹葉、棉花……都可以用來做成精美的畫。這種靈感不正是用平面思維來聯繫和想像的一種必然結果嗎？

聯繫和想像是平面思維的核心，其特點通常表現為事項之間的跳躍性連接。在這一思維的過程中，它受到邏輯的制約，反過來又常常受到聯想的支持，否則思維的流程就會被堵塞。

平面思維是線性思維向著縱橫兩個方向擴張的結果。當思維定向和中心確定以

后，它就要從幾個方面去分析說明這個問題。當這些點並不構成空間，而是處於同一平面不同方位的時候，思維就進入了平面思維。平面思維，可以從不同的方面去說明思維的中心，可以相對地達到認識某一方面的全面性，但它仍然囿於某個平面中的全面，並不是反應對象整體性的全面，因而這種全面相對於立體思維來說，仍然是不全面的。

（四）平面思維的經典案例

請同學們準備好紙和筆，要求：必須自行獨立完成。

第一步：在自己的白紙上畫上這個圖標（如圖2-1）。

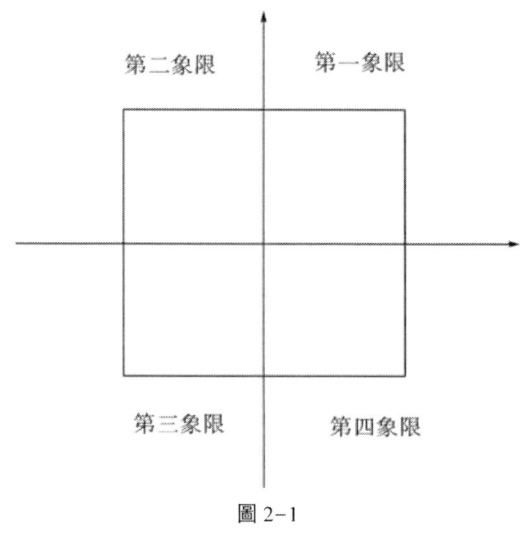

圖2-1

第二步：在該正方形中再畫一個正方形（如圖2-2）。

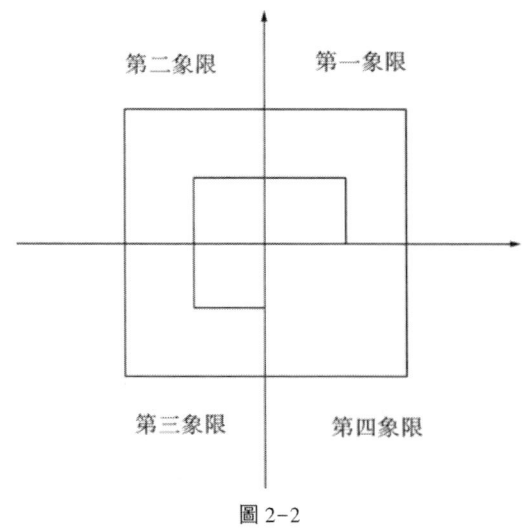

圖2-2

第二章 激發創新思維

第三步:將小正方形和坐標軸所圍成的面積圖上陰影(如圖2-3)。

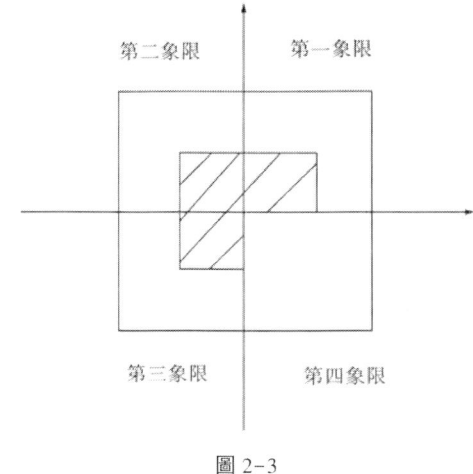

圖 2-3

第四步:

(1) 將第一象限中非陰影部分的面積用一條直線分為兩個部分,要求被分割出來的圖形面積相等、形狀相同。

(2) 將第二象限中非陰影部分的面積用兩條直線分為三個部分,要求被分割出來的圖形面積相等、形狀相同。

(3) 將第三象限中非陰影部分的面積分為四個部分,要求被分割出來的圖形面積相等,形狀相同。

(4) 將第四象限中非陰影部分的面積分為七個部分,要求被分割出來的圖形面積相等,形狀相同。

答案如圖2-4:

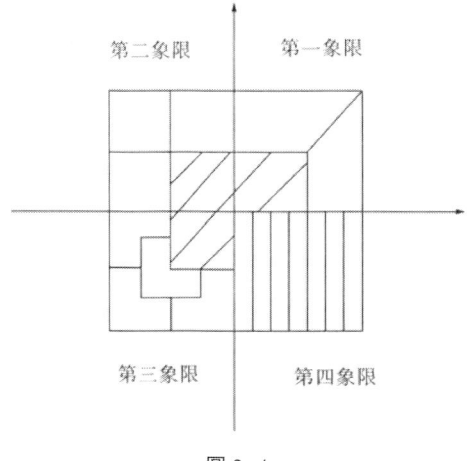

圖 2-4

三、立體思維訓練

（一）立體思維的含義

立體思維也稱多元思維、全方位思維、整體思維、空間思維或多維型思維，是指跳出點、線、面的限制，能從上下左右、四面八方去思考問題的思維方式，也就是要「立起來思考」。這種思維方法強調占領整個立體思維空間，並有縱向垂直、水平橫向以及交叉等全方位的思考。

（二）立體思維的三個維度

立體思維的時空觀點很強。所謂時間或空間只是人們在對存在事物的認識和理解的基礎上創建的概念，大自然本身並不存在時間或空間，或者說，空間本身什麼都不是。一切與時間或空間有關的概念只表示人們在瞭解或認識事物時所形成的各種意識的形態。

人類社會需要時間和空間，於是人們把自然事物形態的變化特點認知為時間的作用，把自然事物的變化現象認知為空間的存在。例如，從人類生活的地球表面到大氣層之間，或從大氣層到外太空之間，甚至是由外太空到整個太陽系甚至銀河系，這些人類認知中的空間，實質上都只是自然變化的一種現象。這些認知，表現了人們對宇宙天體的一個認知程度，並不是所謂空間。

空間和時間是事物之間的一種秩序。空間用以描述物體的位形；時間用以描述事件之間的先後順序。空間和時間的物理性質主要通過它們與物體運動的各種聯繫而表現出來。在狹義相對論中，不同慣性系的空間和時間之間遵從洛倫茲變換。根據這種變換，同時性不再是絕對的，相對於某一參照系為同時發生的兩個事件，相對於另一參照系可能並不同時發生。在狹義相對論中，長度和時間間隔也變成相對量，運動的尺相對於靜止的尺變短，運動的鐘相對於靜止的鐘變慢。

1. 有一定的空間

人們根據自然事物呈現形態特徵所建立的一個概念就是空間。世界上的萬物都在一定的空間存在。立體思維就充分考慮了事物存在的空間，就能跳出事物的本身，從更高的角度去觀察、思考問題。

2. 有一定的時間

世界上的事物都是在一定的時間中存在，從時間的角度去思考，往往可以使我們做今昔的對比，從而展望未來，具有超前意識。

3. 萬物聯繫的網路

世界上的事物都不是孤立存在的，它們相互構成一定的聯繫。我們在事物的千絲萬縷聯繫的網路中去思考問題，就容易找出事物的本質，從而拓寬創新之路。

第二章　激發創新思維

（三）立體思維的特徵

1. 層次性

層次性是指系統在結構或功能方面的等級秩序。層次性具有多樣性，可按物質的質量、能量、運動狀態、空間尺度、時間順序、組織化程度等多種標準劃分。不同層次具有不同的性質和特徵，既有共同的規律又各有特殊規律。要想對認識對象形成整體性的立體反應，首先就要把握或者分析認識對象的層次，包括認識對象的運動、變化或發展，經歷了哪些階段或層次，認識對象的組成結構，具有什麼樣的層次等。

2. 多維性

一般一維到三維是人類可見的效果，而到四維以後就不可見了，那麼立體思維的多維性就是指立體思維的三維性。點運動成線，線運動成面，面運動成體。那麼立體思維就是要從多方面、多角度、多側面、多方位地去考究認識對象。

3. 聯繫性

聯繫性是指立體思維中各種因素、關係、方面的制約性、過渡性和滲透性。

4. 系統性

系統性是指立體思維過程中有關聯的所有個體，根據預先編排好的某種規則工作，能完成個別元件不能單獨完成的工作的群體。

5. 整體性

這是立體地描述、反應思維對象最後完成形態的要求，是立體地認識事物的必然產物。

6. 動態性

事物總是發展變化的，那麼立體思維也不能局限於某一時間和空間，要隨著事物的變化而變化。

（四）立體思維的三規律與三方法

1. 立體思維的三規律

（1）諸多因素綜合律。諸多因素綜合律是指思維在由低級向高級發展的過程中，在把點、線、面的思維上升為立體思維的過程中，必須動用多種觀察工具、多種思維形式，把思維對象的各個方面、各種因素綜合為一個整體，方能形成整體的思維。

（2）縱橫因素交織律。縱橫因素交織律是指在縱的分析與橫的分析的基礎上，使兩者交織成一個有機整體。縱的分析是對認識對象進行歷史的分析，橫的分析是分析思維對象運動全過程中內在矛盾和外在矛盾的各個方面，分析各個矛盾方面在各個發展階段上（層次上）的各種特徵、關係、聯繫。

（3）各層次、因素、方面貫通律。各層次、因素、方面貫通律是指在立體思維的過程中，從問題的提出到問題的展開，必須按照思維自身和事物自身的層次、環節、階段或結構，使其內容有條不紊地安排或組織起來，充分體現出立體思維的有

序性。這是思維對象和思維自身具有的結構層次和發展層次在人的思維中的反應。

2. 立體思維的三方法

（1）整體性思考方法。整體性思考方法是指以諸多因素綜合律為依據的整體性思維方法。在立體思維的過程中，其根本宗旨和最後歸宿，就是要全面把握、反應思維對象的整體，運用整體性的思考方法，就可以把看來是零碎的、沒有聯繫的東西組成互相聯繫的整體。

（2）系統性的方法。系統性的方法是指以各層次、因素、方面貫通律為依據的思維方法。在運用這種方法的過程中，要注意層次或順序，或是從小系統到大系統逐級進行，或是從大系統到小系統逐級進行，不能越級，否則，就可能出現錯誤。

（3）結構分析方法。結構分析方法是指以縱橫因素交織律為依據的思維方法。立體思維必須瞭解整體或系統中各組成部分各處於什麼位置，各起著何種作用，應當如何組合、排列等。這樣，立體思維既可把握事物的整體，又可把握構成這個整體的內在機制，瞭解這個整體結構的性質。

四、邏輯思維訓練

（一）邏輯思維的含義

邏輯思維又稱為理論思維、抽象思維或閉上眼睛的思維，是指人們在認識過程中借助於概念、判斷、推理等思維形式能動地反應客觀現實的理性認識過程。它是作為對認識者的思維及其結構以及起作用的規律的分析而產生和發展起來的，是人的認識的高級階段即理性認識階段。

邏輯思維是一種確定的而不是模稜兩可的、前後一貫的而不是自相矛盾的有條理、有根據的思維。在邏輯思維中，要用到概念、判斷、推理等思維形式和比較、分析、綜合、抽象、概括等方法，而掌握和運用這些思維形式和方法的程度，也就是邏輯思維的能力。

邏輯思維要遵循邏輯規律，這主要是形式邏輯的同一律、矛盾律、排中律、辯證邏輯的對立統一、質量互變、否定之否定等規律，違背這些規律，就會導致認識上的混亂和錯誤，繼而在思維上發生偷換概念、偷換論題、自相矛盾、形而上學等邏輯錯誤。

（二）邏輯思維的特點

1. 邏輯思維的規範性

規範性是指凡是有人群的地方，每個人的一言一行、一舉一動都有一定的規矩和標準。在管理學上，規範性是指一個企業從籌建、運行到分立、撤並，從運行中的物質供應、生產製造到產品銷售，每個環節、每個步驟、每個流程、每個崗位都有一定的規矩和標準。規範性強調的是有規矩和標準，邏輯思維恰是遵循規矩和標準的過程。不論是概念的起點，還是判斷的發展，以及最後的推理，都是有科學方

第二章 激發創新思維

法可依、層層遞進的思維過程。邏輯思維關注目標，沿著思維發展的脈絡，推演出應採取的措施或行為。

2. 邏輯思維的嚴密性

嚴密是指事物之間結合得緊密，沒有空隙；或者是考慮很周到，沒有疏漏。邏輯思維的嚴密性即是指在邏輯推理過程中，由於建立在概念和判斷的基礎上，推出的最終結論是緊密的，是不會出現邏輯上的錯誤的。

3. 邏輯思維的確定性

「確定」是一動詞，通常有以下幾種詞義：固定、明確肯定、堅定、必然、確實無疑、表示堅決等。那麼確定性則是相對於不確定性而言的，是指事先就能準確知道某個事件或某種決策的結果，或者說，事件或決策的可能結果只有一種，不會產生其他結果。

邏輯思維推導出的結論就是確定的，不存在模棱兩可的情形。

4. 邏輯思維的可重複性

重複性是指用同一方法在正常和正確操作情況下，由同一操作人員，在同一實驗室內，使用同一儀器，並在短期內對相同樣本作多個單次測試，在95%的概率水平下得出兩個獨立測試結果的最大差值。邏輯思維的可重複性，即是指同一個人在同樣的假設或已知條件下運用同樣的邏輯思維過程，最終推導出的結論是相同的。

（三）邏輯思維的作用

1. 邏輯思維的一般作用

首先是有助於我們正確認識客觀事物；其次是可以使我們通過揭露邏輯錯誤來發現和糾正謬誤；再次是能幫助我們更好地去學習知識；最后是有助於我們準確地表達思想。

2. 邏輯思維在創新中的積極作用

發現問題；直接創新；篩選設想；評價成果；推廣應用；總結提高。

（四）邏輯思維的形式

1. 形式邏輯

形式邏輯又叫普通邏輯，也是我們平常說的邏輯，是指拋開具體的思維內容，僅從形式結構上研究概念、判斷、推理及其聯繫的邏輯體系。

2. 數理邏輯

數理邏輯是在普通邏輯（形式邏輯）的基礎上發展起來的新的邏輯分支學科。數理邏輯在深度和廣度上推進了傳統邏輯，使它更加精確和嚴密。由於數理邏輯使用了數學的語言和符號，揭示了事物和事物之間的數量關係，不僅深化了傳統自然科學學科的研究，而且對計算機科學、控制技術、信息科學、生物科學等學科的發展有著重要的意義。

3. 辯證邏輯

辯證邏輯就是按照辯證唯物主義哲學對客觀世界的認識方法和思維方式去認識

世界的邏輯體系。列寧說過，辯證邏輯不是關於思維的外在形式的學說，而是關於一切物質的、自然的和精神的事物的發展規律的學說，即關於世界的全部具體內容及對它的認識的發展規律的學說。

（五）邏輯思維的方法與訓練

1. 演繹推理法

演繹推理就是由一般性前提到個別性結論的推理。按照一定的目標，運用演繹推理的思維方法，取得新穎性結論的過程，就是演繹推理法。

例如，一切化學元素在一定條件下都會發生化學反應。惰性氣體是化學元素，所以，惰性氣體在一定條件下確實能夠發生化學反應。這裡運用的就是演繹推理法。

演繹推理的主要形式是三段論法。三段論法就是從兩個判斷得出第三個判斷的一種推理方法。上面的例子就包含了三個判斷。第一個判斷是一切化學元素都在一定條件下發生化學反應，提供了一般的原理原則，叫作三段論式的大前提。第二個判斷是惰性氣體是化學元素，指出了一種特殊情況，叫作小前提。根據這兩個判斷，說明一般原則和特殊情況間的聯繫，因而得出第三個判斷：「惰性氣體在一定條件下確實能夠發生化學反應」——結論。

只要作為前提的判斷是正確的，中間的推理形式是合乎邏輯規則的，那麼必然能夠推出「隱藏」在前提中的知識。這種知識，儘管沒有超出前提的範圍，但畢竟從后臺走到了前臺。對我們來說，往往也是新的，而且由於我們常常是為了某種實際需要才做這種推理，其結論很可能具有應用價值。這樣演繹推理的結論就可能既具有新穎性又具有實用性。

2. 歸納推理法

（1）完全歸納推理

從一般性較小的知識推出一般性較大的知識的推理，就是歸納推理。在許多情況下，運用歸納推理可以得到新的知識。按照一定的目標，運用歸納推理的思維方法，取得新穎性結果的過程，就是歸納推理法。

（2）簡單枚舉歸納推理

簡單枚舉歸納推理是列舉某類事物中一部分對象的情況，根據沒有遇到矛盾的情況，便做出關於這一類事物的一般性結論的推理。

在它的結論的基礎上，可以繼續研究，如果證明是正確的，就得到了新的知識。即使證明了是錯誤的，也從另一方面給了我們新的知識。

（3）科學歸納推理

科學歸納推理是列舉某類事物一部分的情況，並分析出制約此情況的原因，以此結果為根據，從而總結出這一類事物的一般性結論的推理方法。

3. 實驗法

實驗是為了某一目的，人為地安排現象發生的過程，據之研究自然規律的實踐活動。實驗的特點是必須能重複，能夠在相同條件下重複地做同一個實驗，並產生

第二章　激發創新思維

相同的結果，這是一個實驗成功的標誌，不能重複的實驗就不是成功的實驗，其結果就沒有可信度，就不能作為科學依據，這是符合邏輯思維原理的。

實驗法研究有諸多優點，比如：能夠純化研究對象；能夠人為地再現自然現象；可以改變現象的自然狀態；可以加速或延緩對象的變化速度；還可以節約費用，減少損失。

4. 比較研究法

比較研究法簡稱比較法，是指通過兩個或兩個以上對象的相同點和差異來獲得新知識的方法。

在比較研究中，主要起作用的還是邏輯思維中的演繹推理、歸納推理和類比推理，所以，比較研究是運用邏輯思維進行創新的一種方法。比較可以是空間上的橫向比較，也可以是時間上的縱向比較，還可以是直接比較和間接比較。

通過比較研究，可以鑒定真偽，區分優劣；明察秋毫，解決難題；確定未知，發現新知；取長補短，綜合改進；追蹤索跡，建立序列。

5. 證偽法

根據形式邏輯中的矛盾律，在同一時間、同一關係上，不能對同一對象做出不同的斷定。用一個公式來表示：A 不能在同一時間、同一關係上是 B 又不是 B。

根據形式邏輯中的排中律，在同一時間、同一關係上，對同一事物兩個相互矛盾的論斷必須做出明確的選擇，即必須肯定其中的一個。用一個公式來表示：A 或者 B，或者不是 B，二者必居其一，不可能有第三種選擇。

根據以上兩個規律，運用邏輯思維方法，可以在證明一個結論是錯誤的同時，證明另一個結論是正確的。用這種方法來取得正確答案的方法，就是反證法或證偽法。在許多情況下，證偽法可以幫助我們解決疑難問題，取得創新結果。

（六）邏輯思維的經典案例

1897 年，孫中山僑居日本時，與日本著名政治家相識。有一天，犬養毅問孫中山：「我真的敬佩您的機智——不過，我想問問您，孫先生，您最喜歡的是什麼？」

「革命，把清政府推翻。」

「您最喜歡革命，這是誰都知道的，但除此之外，您最喜歡什麼？」

這樣的提問顯然有鬥智意味。

孫中山停了片刻，用英語回答：「woman（女人）。」

犬養毅忍不住哈哈大笑，他嘆道：「這是很老實的話，我認為您會說最喜歡書，結果您卻把女人排在書的前面，這是很有意思的，您這樣忍耐著對女人的愛而拼命看書，實在了不起。」

孫中山說：「不是這樣！我想，千百年來，女人總是男人的附屬品或玩物，充其量做個賢內助，然而我認為，她應該和母親是同義語，當媽媽把她身上最有營養的乳汁餵給孩子的時候，當妻子把她真誠的愛獻給丈夫的時候，她們的犧牲是那樣無私和高尚，這難道不值得愛嗎？可惜，我們好些人都不珍惜這種愛，踐踏這

種愛」

犬養毅聽後，自知誤解了孫中山的意思，而且十分佩服他的敏銳機智。

請問孫中山怎樣洞察出對方的用意，又是怎樣闡明自己所說的概念內涵的？

分析：孫中山在與犬養毅的對話中，覺察到犬養毅對自己所使用的「woman」這個概念的含義有誤解。英文的「woman」是一個泛指的概念，可指女人、女性、妻子、情人、女僕等。孫中山嚴肅地指出，他是將「woman」這個概念作為「母親」的同義語使用的，這就明確了其內涵，消除了對方有意或無意的誤解。這個事例告訴我們，明確概念的內涵，是成功的言語交際的第一要義。

被西方譽為「邏輯之父」的古希臘大哲學家亞里士多德十分重視語言表達中明確概念含義的問題。他在《辯論篇》中指出：「對於一個有歧義的名詞或有歧義的表述，一個人答辯應當像下面這種樣子，說『在一種含義上它是這樣，而在另一種含義上它不是這樣』。」他還說：「因為問題的意義模糊，你隨便答覆，就會引起困難。假如你事先不發覺問題的雙關性，按你所瞭解的答覆了，而提問的對方把問題看成和你的理解不同，你就應該指出：『那不是我承認時所理解的意思，我是這樣理解的。』」

亞氏的這些見解，對人們的思維提出了一個最基本的邏輯要求，那就是要明確所使用的每一個概念，特別是在使用有歧義的語詞時，絕不能含糊其詞，必須明確指出它表達的是什麼概念，以消除任何誤解或曲解。概念是構成思維的基本要素，概念要明確，可以說是邏輯上的一條最根本的原則，也是保證交際成功的必要前提和先決條件。否則，一切思想交流和言語交際都將無法進行。

五、逆向思維訓練

（一）逆向思維的含義

逆向思維也稱為求異思維，它是對司空見慣的似乎已成定論的事物或觀點反過來思考的一種思維方式。

（二）逆向思維的特點

1. 普遍性

逆向思維在各種領域、各種活動中都適用，由於對立統一規律是普遍適用的，而對立統一的形式又是多種多樣的，有一種對立統一的形式，相應地就有一種逆向思維的角度，所以，逆向思維也有無限多種形式。如性質上對立兩極的轉換：軟與硬、高與低等；結構、位置上的互換、顛倒：上與下、左與右等；過程上的逆轉：氣態變液態或液態變氣態、電轉為磁或磁轉為電等。不論哪種方式，只要從一個方面想到與之對立的另一方面，都是逆向思維。

2. 批判性

逆向是與正向比較而言的，正向是指常規的、常識的、公認的或習慣的想法與

第二章 激發創新思維

做法。逆向思維則恰恰相反,是對傳統、慣例、常識的反叛,是對常規的挑戰。它能夠克服思維定式,破除由經驗和習慣造成的僵化的認識模式。

3. 新穎性

循規蹈矩地思維和按傳統方式解決問題雖然簡單,但容易使思路僵化、刻板,擺脫不掉習慣的束縛,得到的往往是一些司空見慣的答案。其實,任何事物都具有多方面的屬性。由於受過去經驗的影響,人們容易看到熟悉的一面,而對另一面却視而不見。逆向思維能克服這一障礙,往往能出人意料,給人以耳目一新的感覺。

(三) 逆向思維的原則

1. 敢想敢說勇於創新的原則

學會逆向思維,敢於提出與眾不同的見解,敢於破除習慣的思維方式和舊的傳統觀念的束縛,跳出因循守舊、墨守成規的老框框,大膽設想。發前人之未發,化腐朽為神奇,標新立異。

2. 嚴謹原則

逆向思維要經得起推敲,避免表面化、淺層次地思考問題。

3. 遵從規律避免極端原則

逆向求異應在一定的語言環境或特定的社會背景中進行,只有嚴格遵循客觀規律,準確把握事物的本質,才能避免從一個極端走向另一個極端。如「螳臂擋車」,貶抑螳螂已成共識,你若想褒揚它,想借此改變人們的傳統觀念,人們將難以讚同。

4. 尊重科學不傷感情的原則

「逆向」雖具有普遍性,但那些違反科學道理,有悖於人們共識和傷害人感情的「逆向」,都是不可取的。

(四) 逆向思維的訓練方法

1. 反轉型逆向思維法

這種方法是指從已知事物的相反方向進行思考,找到發明構思的途徑。而從「事物的相反方向」思考常常指從事物的功能、結構和因果關係三個方面做反向思維。

2. 轉換型逆向思維法

轉換型逆向思維法是指在研究一問題時,由於解決某一問題的手段受阻,而轉換成另一種手段,或轉換思考角度思考,以使問題順利解決的思維方法。如歷史上被傳為佳話的司馬光砸缸救落水兒童的故事,實質上就是一個用轉換型逆向思維法的例子。由於司馬光不能通過爬進缸中救人的手段解決問題,因而他就轉換為另一手段——破缸救人,進而順利地解決了問題。

3. 缺點逆用思維法

缺點逆用思維法是指利用事物的缺點,將缺點變為可利用的東西,化被動為主動,化不利為有利的思維發明方法。這種方法並不以克服事物的缺點為目的,相反,它是將缺點化弊為利,找到解決方法。例如,金屬會被腐蝕是一件壞事,但人們利

用金屬腐蝕原理進行金屬粉末的生產，或進行電鍍等其他用途，無疑是缺點逆用思維法的一種應用。

（五）邏輯思維的經典案例

某時裝店的經理不小心將一條高檔呢裙燒了一個洞，使其身價一落千丈。如果用織補法補救，也只是蒙混過關，欺騙顧客。這位經理突發奇想，乾脆在小洞的周圍又挖了許多小洞，並精於修飾，將其命名為「鳳尾裙」。一下子，「鳳尾裙」銷路頓開，該時裝商店也出了名。逆向思維帶來了可觀的經濟效益。無跟襪的誕生與「鳳尾裙」異曲同工。因為襪跟容易破，一破就毀了一雙襪子，商家運用逆向思維，研製成功無跟襪，創造了非常良好的商機。

傳統的破冰船，都是依靠自身的重量來壓碎冰塊的，因此它的頭部都採用高硬度材料制成，而且設計得十分笨重，轉向非常不便，所以這種破冰船非常害怕側向漂來的流水。蘇聯科學家運用逆向思維，變向下壓冰為向上推冰，即讓破冰船潛入水下，依靠浮力從冰下向上破冰。新的破冰船設計得非常靈巧，不僅節約了許多原材料，而且不需要很大的動力，自身的安全性也大為提高。遇到較堅厚的冰層，破冰船就像海豚那樣上下起伏前進，破冰效果非常好。這種破冰船被譽為「20世紀最有前途的破冰船」。

【案例分析】

希爾頓飯店的創始

著名的希爾頓酒店產業創始於20世紀20年代。當初，創始人希爾頓在達拉斯商業街上漫步，發現這裡竟然沒有一家像樣的酒店，萌生了建一家高級酒店的想法。

希爾頓是一個創造力與行動力都很強的人，想到就去做。他很快就看中一塊「風水寶地」。酒店屬於典型的服務業，對這個產業，影響最大的因素就是地基，選擇一個好的地基，即使初始投資較大，也會很快在后續的有利經營中收回。所以，希爾頓決心買下這塊風水寶地。

這塊地的出讓價格為30萬美元，而他眼下可支付的資金僅僅5,000美元！況且，解決地皮之後，還要籌集大量的建設資金。所以，表面上看，這個項目顯然不可行。

但他沒有放棄，他把這個難題進行了分解。首先，他把30萬美元的地皮費用分解到了每年每月。他對土地擁有人說：「我租用你的土地，首期90年，每年給你3萬美元，按月支付，90年共支付270萬美元，一旦我支付不起，你可以拍賣酒店……」對方感到占了個大便宜。

簽訂了土地租賃協議，希爾頓馬不停蹄，將自己開酒店的方案以及誘人的經營遠景講給投資商聽，很快與一個大投資商達成了協議，合股建設酒店，酒店如期建成，經營效益超出先期預料，獲得了巨大成功，從此，希爾頓走上世界級酒店大王之路，一度躋身全球十大富豪之列。

第二章　激發創新思維

分析：上述案例是以經濟為線索，以時間為切入點，將租金問題進行分解法再思考，用現有的有限資金作為簽訂協議的資本，將未來的項目利潤作為履約資本。接著，他又以經濟為線索，以結構性和利益性為切入點，把自己的協議權用智慧放大為股份資本，將建設資本壓力變成另一位投資者的投資動力，解決了全部建設資本。是智慧資本造就了著名的希爾頓。

【課堂活動】

內容：跳出常規，挑戰規則。

目的：有很多事情，從一個角度看不可能，而從另一個角度，就變成可能的了，關鍵是開闊思維，放下你一直以來的思維模式。下面這兩個看似不成立，卻要求你證明成立的游戲，有力地說明了這一點。

題目：奇怪的「等式」。

要求：有兩個等式：① 4-3 = 5 和 ② 9+4 = 1。在什麼情況下，這兩個等式成立。

思路：

1. 當你迫使自己脫離數學範圍，而調動想像力的時候，答案很快就出來了。這道題的答案是：從四角形上剪去一個三角形，就變成了一個五角形。

2. 第二題的解題思路和第一題一樣，發揮想像力，會發現時間是 12 進制的。9 點鐘加上 4 點鐘，不就是 1 點鐘嗎？

【課后思考實踐】

1. 如何培養創新思維？
2. 妨礙大腦進行思維創新的一個主要障礙是什麼？
3. 請同學們談談如何將一個 5 元錢的蘋果賣到 50 萬元甚至 500 萬元的價格。

第三章　提升大學生創業意識

　　創業者都有共性，瞭解、研究這些共性，是非常有意義的事情。成功創業者的歷程都是相似的，瞭解成功創業者具有的創業意識、素質和能力，可以反觀自己，明確自己是否適合創業，以及成功的可能性有多少，自己還有哪些差距。針對自己與創業者素質的差距，修改、完善發展目標和發展臺階，明白可以從哪些方面提升自己的創業意識、素質與能力。大學生應有意識地主動培養自己的創業意識、素質和能力，提高、加強社會能力訓練的自覺性，這有利於自身成長成才。

　　通過本章學習，你將能夠：
　　1. 瞭解創業意識的內涵；
　　2. 瞭解和掌握創業者應具備的心理素質和能力；
　　3. 正確評估自己的創業意識水平；
　　4. 激發自己的創業興趣，樹立正確的創業觀。

● 第一節　創業意識的內涵

一、什麼是創業意識

　　創業意識是指人們從事創業活動的強大內驅動力，是創業活動中起動力作用的個性因素，是創業者素質系統中的第一個子系統，即驅動系統。創業意識包括創業需要、創業動機、創業興趣、創業理想等要素。

第三章　提升大學生創業意識

（一）創業需要

創業需要指創業者對現有條件不滿足，並由此產生的最新的要求、願望和意識，是創業實踐活動賴以展開的最初誘因和動力。但僅有創業需要，不一定有創業行為，想入非非者大有人在，只有將創業需要上升為創業動機，創業行為才有可能發生。

（二）創業動機

創業動機指推動創業者從事創業實踐活動的內部動因。創業動機是一種成就動機，是竭力追求獲得最佳效果和優異成績的動因。有了創業動機，才會有創業行為。

（三）創業興趣

創業興趣指創業者對從事創業實踐活動的情緒和態度的認識指向性。它能激活創業者的深厚情感和堅強意志，既是產生創業意識的先決條件，又能使創業意識得到進一步昇華。

（四）創業理想

創業理想指創業者對從事創業實踐活動的未來奮鬥目標較為穩定、持續地向往和追求的心理品質。創業理想屬於人生理想的一部分，主要是一種職業理想和事業理想，而非政治理想和道德理想。創業理想是創業意識的核心。

二、創業意識的內容

（一）商機意識

真正的創業者會在創業前、創業中和創業後始終面臨識別商機、發現市場的考驗。他必須有足夠的市場敏銳度，可以宏觀地審視經濟環境，洞察未來市場形勢的走向，以便做出正確的決策來保證企業的持續發展。

（二）轉化意識

僅有商機意識是不夠的，還要在機會來臨時抓住它，也就是把握機會，需要把

37

商機轉化成實實在在的收入，最終實現自己的創業夢想。轉化意識就是把商機、機會等通過創業行動轉化為生產力；把你的才能、你在學校學到的知識轉化為智力資本、人際關係資本和行銷資本。

（三）戰略意識

創業初期給自己制訂一個合理的創業計劃，解決如何進入市場、如何賣出產品等基本問題。創業中期需要制定整合市場、產品、人力等方面的創業策略，轉換創業初期戰略。需要指出的是，創業戰略不止一種，也沒有絕對的好壞之分，創業者關鍵要找到適合自己的創業之路。在這條路上應時刻保持戰略的高度，不以朝夕得失論成敗。

（四）風險意識

創業者要認真分析自己在創業過程中可能會遇到哪些風險，一旦這些風險出現，要懂得如何應對和化解。大學生是否具備風險意識和規避風險的能力，將直接影響到創業的成敗。

（五）勤奮、敬業意識

李嘉誠說：「事業成功雖然有運氣在其中，但是主要還是靠勤勞，勤勞苦干可以提高自己的能力，從而會有很多機會降臨在你面前。」大學生創業，一定要務實，要勤奮，不能光停留在理論研究上。可以從小投資開始，逐步累積經驗，不能只想著一口吃個胖子。沒有資金，沒有人脈都不要緊，關鍵要有好的思路和想法，有勇氣邁出第一步，才會有成功的可能。

三、創業意識的重要性

創業意識是指創業活動中非常重要的隱性因素。只有基於自身條件產生了強烈的創業需要，並力求達到創業成效，取得成就，培養成興趣，作為一種人生職業理想，才可能從源頭上為創業以及創業成功築牢基礎。同時，只有具有良好的商機意識、較強的轉化意識、戰略意識、風險意識、勤奮敬業意識，才可能真正把握住創業機會，才能取得創業成就。相反，沒有良好的創業意識，再好的環境、機會擺在面前，都不會產生創業的想法，更不可能作為一種人生職業理想，從而膽大心細地堅持下去從而取得創業成就。

創業意識對創業素質和創業能力的提高也有非常重要的影響，它起到了基礎和動力的作用。有良好的創業意識，才有利於創業素質的挖掘和創業能力的提高。

四、培養創業意識的方法

培養創業意識要在日常生活中隨時進行自我觀察，要「認識你自己」，認清自己的需要、興趣、理想，分析自己做事的動機，並且養成知行統一的習慣，勇於實踐。培養創業意識還應該去觀察市場，分析市場經濟環境，判斷市場趨勢；要養成

第三章　提升大學生創業意識

舉一反三的思維習慣，把自己已學的知識、已有的關係轉化為創業需要的各種資本；要思考自己應該怎樣進入市場，選擇何種產品，怎樣整合各種資源，制定適合自己創業的戰略方法；要預測各種可能遇到的風險，做好應對之策；要養成務實、勤勞的習慣，踏踏實實累積經驗，逐步邁向更大的成功。

【案例分析】

選擇決定未來

有三個人要被關進監獄三年，監獄長給他們一人一個要求。美國人愛抽雪茄，要了三箱雪茄。法國人最浪漫，要一個美麗的女子相伴。而猶太人說，他要一部與外界溝通的電話。

三年過后，第一個衝出來的是美國人，嘴裡鼻孔裡塞滿了雪茄，大喊道：「給我火，給我火！」原來他忘了要火了。接著出來的是法國人。只見他手裡抱著一個小孩子，美麗女子手裡牽著一個小孩子，肚子裡還懷著第三個。最后出來的是猶太人，他緊緊握住監獄長的手說：「這三年來我每天與外界聯繫，我的生意不但沒有停頓，反而增長了200%，為了表示感謝，我送你一輛勞斯萊斯！」

分析：這個故事告訴我們，什麼樣的選擇決定什麼樣的生活。今天的生活是由三年前我們的選擇決定的，而今天我們的抉擇將決定我們三年后的生活。我們要選擇接觸最新的信息，瞭解最新的趨勢，從而更好地創造自己的將來。

領導的科學

一個人去買鸚鵡，看到一只鸚鵡前的標牌：此鸚鵡會兩門語言，售價二百元。另一只鸚鵡前的標牌上寫著：此鸚鵡會四門語言，售價四百元。該買哪只呢？兩只都毛色光鮮，非常靈巧可愛。這人轉啊轉，拿不定主意。他突然發現一只老掉了牙的鸚鵡，其羽毛暗淡蓬亂，標價八百元。

這人趕緊將老板叫來：「這只鸚鵡是不是會說八門語言？」

店主說：「不。」

這人奇怪了：「那為什麼又老又醜，又沒有能力，會值這個價呢？」

店主回答：「因為另外兩只鸚鵡叫這只鸚鵡老板。」

分析：這則故事告訴我們，真正的領導人不一定自己能力有多強，只要懂信任，懂放權，懂珍惜，就能團結比自己更強的力量，從而提升自己的身價。許多能力非常強的人卻因為過於追求完美，事必躬親，認為什麼人都不如自己，最后只能做最好的公關人員、銷售代表，成不了優秀的領導人。

【課堂活動】

活動內容：創業動因分析。

活動目的：認識創業動因與創業意識對創業成功的重要作用，增強創業意識與

能力。

活動形式：請同學說出馬斯洛人類需求層次理論，並作闡釋，同時班級成員分成小組，利用這一理論分析創業者的創業動因5分鐘，並派小組代表發言3分鐘，最后教師點評。

【課后思考實踐】

1. 思考自己知道的創業者具有哪些優秀的創業意識。

2. 分析自身性格、資金、人脈等條件，找相關創業測評量表進行測量，分析自己是否適合創業，將從哪些方面去提高創業能力。

第二節　創業者的基本素質

一、創業者

創業者一詞由法國經濟學家坎蒂隆（Cantillon）於1755年首次引入經濟學。1800年，法國經濟學家薩伊（Say）首次給出了創業者的定義，他將創業者描述為將經濟資源從生產率較低的區域轉移到生產率較高區域的人，並認為創業者是經濟活動過程中的代理人。著名經濟學家熊彼特（1934）則認為創業者應為創新者。

在歐美學術界和企業界，創業者被定義為組織、管理一個生意或企業並承擔其風險的人。創業者的對應英文單詞是entrepreneur。entrepreneur有兩個基本含義：一是指企業家，即在現有企業中負責經營和決策的領導人；二是指創始人，通常理解為即將創辦新企業或者是剛剛創辦新企業的領導人。

香港創業學院院長張世平認為，創業者是一種主導勞動方式的領導人，是一種無中生有的創業現象，是一種需要具有使命、榮譽、責任能力的人，是一種組織、運用服務、技術、器物作業的人，是一種具有思考、推理、判斷的人，是一種能使人追隨並在追隨的過程中獲得利益的人，是一種具有完全權利能力和行為能力的人。

二、創業者需要具備的基本素質

從成為創業者這一角度來看，顯然並無太多特殊的要求，創業者並不是特殊人群。而成功的創業者不僅要具備一般人的基本素質，還要具備獨特的創業素質。這些獨特的創業素質主要包括以下七個方面：

（一）創業者身體素質

良好的身體素質是成功創業的前提，健康的身體是成功創業的基礎。第一，創業之初，受資金、制度、管理、經營環境等各方面條件的限制，許多事情都需創業者親力親為；第二，創業過程中，創業者需要不斷地思索如何提高經營管理水平，

第三章　提升大學生創業意識

從而使企業在激烈的競爭環境中迅速成長；第三、在整個創業過程中，創業者工作時間遠遠長於一般工作者，並且需要承受巨大的風險壓力。所有這些因素都要求創業者必須具備充沛的體力、旺盛的精力、敏捷的思路，如果沒有過硬的身體素質，創業者必然力不從心、難以承擔創業重任。

（二）創業者道德素質

道德是理想之光，成功的創業者必定是一個道德高尚的人，他會在創業的過程中造福一方、惠及他人，做到言出必行。創業過程中，創業者要做到兩點：第一、適度控制私心小利。從個體角度講，如果創業者過於看重自己的利益得失，不注重維護創業團隊成員或企業員工的利益，那麼創業者將失去支持者。從企業的角度講，如果創業者過於關注企業局部、短期的利益，企業則很難做大、做強、做久。第二、創業者要做到得意不忘形，失意不失志。一個成功的創業者在創業順利時能夠居安思危，在創業失利時能夠保持鬥志使企業轉危為安。

（三）創業者心理素質

創業的成功在很大程度上取決於創業者的心理素質。創業者在創業的過程中難免會遇到諸多挫折、壓力甚至失敗，這就需要創業者具有非常強的心理調控能力，能夠持續保持一種積極、沉穩、自信、自主、剛強、堅韌及果斷的心態，即有健康的創業心理素質。宋代大文豪蘇軾說：「古之成大事者，不唯有超世之才，亦必有堅忍不拔之志。」只有具有處變不驚的健康心理素質，才能到達勝利的彼岸。

（四）創業者思想素質

大學生自主創業

企業是一步一步做大做強的，這要求創業者必須具備特殊的思想素質，具體包括：第一，既要志存高遠，又要腳踏實地。創業者既要為企業做全局的、長期的戰略規劃，又能步步為營按照市場規律辦事，從小處做起，做到精細管理。第二，既要有膽有謀，又要有風險防範意識。創業不是靠運氣，而是靠膽識和謀略，是一種理性的風險投資，這也要求創業者必須有膽有謀。同時，創業集融資與投資為一體，

41

有一定的風險，這又要求創業者必須有一定的風險意識及防範風險的意識。

（五）創業者知識素質

創業者的知識素質對創業起著舉足輕重的作用。創業者要具有創造性思維，要做出正確決策，必須掌握廣博的知識，具有一專多能的知識結構。具體來說，創業者應該具有以下幾方面的知識：第一，正確認識國家政策法規，唯有此才能用足、用活政策，依法行事，用法律維護自己的合法權益；第二，瞭解科學的經營管理知識和方法，提高管理水平；第三，掌握與本行業本企業相關的科學技術知識，依靠科技進步增強競爭能力；第四，具備市場經濟方面的知識，如財務會計、市場行銷、國際貿易、國際金融等。

（六）創業者經驗素質

經驗素質是創業者在創業過程中實踐經驗的累積。經驗是形成管理能力的仲介，是知識昇華為能力的催化劑。缺少創業經驗，是創業者特別是大學生創業者面臨的一個重要問題。創業需要創業者具備很強的綜合能力，一些創業者雖然有一些好的創業構想，但是由於缺乏創業經驗，不是項目很難得到市場的認可，就是很容易被別人複製。要想提高自己的創業成功率，創業者應該考慮如何去累積創業經驗，切實提高經驗素質。

（七）創業者協調素質

創業者在創業過程中需要協調企業內部各部門、各成員之間的關係，同時，還要協調企業與外部相關組織、個人之間的關係，這種關係既包括工作關係也包括人際關係，所以要求創業者必須具備良好的協調素質。創業者的協調素質，是一種性質複雜的素質，要求創業者懂得一套科學的組織設計原則，熟悉並善於運用各種組織形式，善於用權，能夠指揮自如，控制有方，協調人力、物力、財力，從而在企業的管理上獲得最佳效果。

三、創業素質的提高途徑

（一）未雨綢繆，做好創業思想準備

凡事預則立，不預則廢。大學生創業必須牢固樹立投身創業的理想和志向，未雨綢繆，認真做好創業的各項準備；否則，在真正開始甩開膀子大幹一場的時候，很容易被現實的困難、挫折嚇倒。有創業志向的大學生在校期間就要樹立創業的志向，有意識地培養創業的意志品質。大學生創業者要將創業理想和實際學習目標有機結合，不怕困難和挫折，嚴於律己，順利完成學業；積極參加各種社會實踐活動，在確定目標、制訂計劃、選擇方法、執行計劃和開始行動的整個實踐活動中，鍛煉意志品質；加強意志的自我鍛煉，注意培養和提高自我認識、自我監督、自我評價和自我鼓勵的能力；積極參加體育鍛煉，在鍛煉身體的過程中磨礪自身堅強的意志。

（二）寓學於行，提高創業素質水平

創業之難，有目共睹；創業成功，難上加難。大學生要想取得創業成功，不光

第三章　提升大學生創業意識

要做好思想準備，還要自覺培養商業意識，潛心鑽研相關商業知識。特別要在創業實踐中敏銳觀察，科學分析，探求事物發展規律，去偽存真，把握事物本質；要自覺培養自身的信息處理能力，善於收集和利用信息，摸清市場運行的基本規律，積極主動尋求和創造商業機會；縱深挖掘智慧潛能，激發企業活力，自覺形成立足現在、著眼未來的戰略理念。因此，大學生創業者在鍛煉和培養自己的創業才能時，絕不能僅僅從讓自己成功的方面去尋求提高的捷徑，而必須在多方面打好紮實的基礎，既要通過理論學習增長理論知識，也要通過創業實踐增強職業技能，更要通過創業的競爭和自我否定增長才能，以求得創業才能的全面提高，努力做到寓學於行，知行合一。

（三）堅持不懈，科學調整創業心態

人生難得幾回搏。創業之路充滿荊棘，成功和失敗並存，大學生創業者要有面臨創業順境時的憂患意識，更要有面臨創業逆境時的抗壓能力。在整個創業過程中大學生創業者一般都會經歷以下幾個階段：首先，不甘學習、生活和發展現狀—建立創業發展規劃目標—組織創業團隊—為實現目標奮鬥；其次，不考慮任何物質利益的嘗試—挫敗—失敗—再嘗試—局部成功；最後，成功點逐步增多—成功從量的累積到階段性的飛躍—最終走向成功。伴隨創業的發展歷程，大學生創業者的心態也將發生變化：最初的興趣、特長和愛好—目標和熱情—團隊工作的樂趣—夢想和理想化的前景激勵；接下來是挫敗、懷疑和信心的反覆摧殘和重建；最後是重新評估和對目標、自身的再認識—責任—新的樂趣和興奮點。為此，大學生創業者要堅信「天生我才必有用」，增強創業自信心；在創業實踐中科學調整心態，增強面對企業逆境時的思維反應能力和抗挫抗壓的能力。正所謂「長風破浪會有時，直掛雲帆濟滄海」。

【案例分析】

渴望成功

童烽烽，寧波市職教中心學校2000屆畢業生，現任寧海縣躍龍街道炎風電腦公司經理。

由於中考失利，童烽烽沒有如願考上普高，而是來到職業學校繼續學業。在校期間，童烽烽成績優秀，又是班裡的團支書，並考取了計算機中級證書。儘管如此，畢業那年，童烽烽四處尋找合適的工作，卻都不盡如人意。「給別人打工，不如自己當老板」，家人的一句玩笑話，卻一語驚醒夢中人。但是，一個剛剛畢業的中專生，沒有社會經驗，沒有足夠的資金，拿什麼去創業呢？

正在童烽烽心灰意冷的時候，一天，親戚家的電腦壞了，請他上門維修，憑著過硬的專業技術，不到一個小時，問題就查出來了，是零件出了問題，需要更換。親戚對電腦一竅不通，只能請童烽烽再跑一趟電腦市場，買來零件更換上去。就是這一來二去，帶給了他創業的靈感。

為了實現自己的創業夢想，童烽烽放棄了安逸的生活，開始四處奔走。當地的電腦公司，大多沒有上門維修的服務，這個市場空缺，讓他看到了希望。他找人到住宅區和大街上分發傳單，自己也在網上發布消息，憑藉良好的技術和信譽，找他修電腦的人越來越多。

沒過多久，童烽烽籌集了五萬元左右的資金，開了一家公司——寧海縣躍龍街道炎風電腦公司，主要採用的是分店合作模式，一般一個區域或鄉鎮開設一二個服務點，目前四個區域已經落實服務人員了。以前上門服務過的客戶，都成為他的老客戶。他的事業蒸蒸日上。

分析：你覺得童烽烽能成功創業，首要的前提是什麼呢？對，就是他渴望創業。想創業、敢創業，是創業成功的必要前提。創業艱苦而且磨難很多，除了渴望創業以外，我們還要破除依賴心理和膽怯心理；要提高創業的能力，富於創新，善於學習。只有苦過、累過、奮鬥過的收穫才是最寶貴的。

【課堂活動】

活動內容：分析自己是否具有創業者的素質。
活動目的：培養創業意識，提高創業素質。
活動形式：將以上創業者的素質的符合程度分為「十分符合」「一般符合」和「不是太符合」三個檔次，每個人對自己具備程度進行自我診斷，同學間相互點評，並分別對如何改進、提高素質發表意見，最後，教師點評。

【課后思考實踐】

1. 結合自身實際，請談談如何提高自己的創業素質。
2. 以一個成功的創業案例為例說明其體現了創業者的哪些創業素質。

第三節　增強創業能力

一、創業者應具備的創業能力

創業能力是指創業者解決創業過程中遇到的各種複雜問題的本領，是創業者基本素質的外在表現。從實踐的角度看，創業者能力表現為創業者把知識和經驗有機結合起來並運用於創業管理的能力。它具體包括以下七個方面的能力：

（一）機會識別能力

創業機會識別能力是指創業者採用種種手段來識別市場機會的能力。創業者要學會從現代社會各種渠道獲取信息，發現市場機會，分析市場環境，判斷市場趨勢。

（二）風險決策能力

風險決策能力主要體現在創業者的戰略決策上，即創業者在對企業外部經營環境和內部經營環境進行周密細緻的調查和準確而有預見性的分析的基礎上，確定企業發展目標，選擇經營方針和制定經營戰略的能力。創業者有時候也進行一些戰術性決策，但更多的精力是用於戰略決策。

（三）戰略管理能力

創業戰略管理能力指創業者整體地考慮企業經營環境，理解如何適應市場，如何創建競爭優勢的能力。創業者需要根據企業的優勢、劣勢並結合外部環境的機會、挑戰正確地制定企業發展的戰略目標。只有確定了正確的戰略目標，企業才能走得更遠。創業者的創業戰略管理能力要素包括三個方面：第一，專業技能，即做好工作需要的知識、經驗，如設計能力、系統分析能力等；第二，交際技能，即能使企業形成正面的工作態度的能力，如合作、協調、激勵、溝通等；第三，綜合判斷能力，即能從企業整體的視野判斷解決問題，做對公司整體有利的決策。

（四）開拓創新能力

開拓創新能力的實質是一種綜合能力，它是各種智力因素和能力品質在新的層面上相互作用和有機結合所形成的一種合力。它是以智能為基礎具有一定科學根據的標新立異的能力。擁有開拓創新的能力對於追求事業成功的人，實在非常重要。競爭者有那麼多，憑什麼可以制勝？你有什麼條件令你出類拔萃？所以你一定要有一些特色，有一點創意，令人耳目一新，這樣才可以贏得人心。

（五）網路構建能力

創業者應當善於建立本行業的廣泛社會網路，包括有關本行業的現代電腦網路。密集的行業網路溝通有助於創業者從廣泛的社會網路中獲取高回報的創業信息，促使創業者在巨型網路提供的信息精華中，吸取經驗教訓、培養創業精神——既勇於

冒險，又坦然地接受失敗。「網路」素質較高的創業者，由於掌握了豐富的發明、生產、銷售等信息，因而其決策更為科學，成功率更高。

（六）組織管理能力

創業者是研究、開發、生產、銷售等各個環節的協調者、組織者和領導者，因此，創業者應當具有組合生產要素、形成系統合力的組織管理能力。創業者尤其應具備以下兩方面的能力：一是必須對自己經營的事業了如指掌，有預測生產和消費趨勢的能力；二是善於選擇合作夥伴，有組織或領導他人、駕馭局勢變化的能力。

（七）社交能力

創業者常要與不同的人進行交往，如果擁有較強的社交能力，將有助於創業的成功。

二、為什麼創業者要具備創業能力

創業能力是創業者創業成功的保證。只有學會學習，能有效地掌握各方面的信息，並且具有開拓創新精神，把握好創業心理、創業機會、創業行動、創業過程、創業計劃等各方面，在面臨各種可能方案時，能根據實際條件，果斷決策，能瞭解行業發展、生產、銷售等信息，能對資源、人力等有良好的組織、領導、協調能力，有優良的建立關係的語言表達和心理感受等社會交際能力與技巧，才能跟上時代的步伐，發現、把握住商業機會，展開商業活動，取得創業成功。如果沒有良好的創業能力，那麼就不可能有效發現時代的商業機會，不可能很好地吸引、整合各方面的資源、關係，不清楚行業發展的生產、銷售等信息，也不可能很好地開展創業各階段的工作，創業成功也就步履維艱。

三、如何增強創業能力

（一）提升機會識別能力

創業者可以通過以下四個方面提高自身的機會識別能力。第一，關注技術、市場和政策的變化，提高對環境變化的敏感度及警覺性；第二，重視交往，組建自己的社會網路，豐富創業信息來源渠道；第三，明確創業目標，提高創業機會評價能力；第四，重視自身創造力的培養，塑造創造型人格，提升機會識別潛力。

（二）培養決策能力

創業者培養決策能力應注意以下三點：第一，克服從眾心理。決策能力強的人，能擺脫從眾心理的束縛，思想解放，衝破世俗，不拘常規，大膽探索；唯有此，創業者才能獨具慧眼，捕捉到更多的機遇。第二，增強自信心。創業者首先要有迎難而上的膽量，其次要變被動思維為積極思維，最後要培養自己的責任感和義務感。第三，決策不求十全十美，但應注意把握大局。

第三章　提升大學生創業意識

（三）提升決策能力

提高創業者決策能力有以下幾種途徑：從博學中提高決策的預見能力；從實踐中提高決策的應變能力；從思想上提高決策的冒險能力；從心理上提高決策的承受能力；從思維上提高決策的創造能力；從信息上提高決策的競爭能力；從群體上提高決策的參與能力。

（四）培養開拓創新能力

創業者培養開拓創新能力要做好以下三點：

1. 累積知識，增加才干

開拓創新需要膽識，也需要知識和才干。沒有知識的累積，缺乏必要的才干，開拓創新就無從談起。創業者的知識和經驗累積越多，開拓創新的能力就愈強。因為一個人只有具備豐富的知識與經驗，才能擁有超群的才干、過人的膽識，才能接受新思想，吸納新知識，抓住新機遇，創造新成果。

2. 培養想像力

想像力是從事任何職業的人都需要的，對需要具備開拓創新能力的創業者而言，進一步培養自己的想像力就變得更為重要。愛因斯坦在總結自身經驗時指出：想像力概括著世界上的一切，推動著進步，並且是知識進化的源泉。

3. 培養發散思維能力

發散思維又稱創造性思維、求異思維，是沿著不同方向、不同角度、全方位、多層次地尋找解決問題的答案的一種思維方式。具備發散思維能力，對培養創業者的開拓創新能力無疑如虎添翼。

創業者可以以利用自身資源、關係等爭取與本行業各企業建立廣泛聯繫，開展

信息共享、相互學習、借鑑等方式瞭解行業發展動態，進而吸取經驗教訓，做出科學決策。

創業者要把握自己企業的現狀，預測企業的未來，從提高自身人格魅力、緊密聯繫群眾等方面組織、協調、管理好各方人力，相互配合、相互支持，有效地執行決策，提高效率，為組織目標而齊心協力地奮鬥。

嫻熟的社交能力主要從兩個方面來培養：首先，樹立自己良好的社交形象。儀表要大方美觀，文雅得體，親切和藹，言談穩健幽默；要有吸引人的社交魅力；要學會體察各種人的心理；要掌握多種社交技巧，如社交語言運用的技巧、待人接物的技巧、各種社交場合交往的技巧等；掌握各個國家、各個民族的社交禮儀和風俗習慣。其次，要有良好的文字表達能力和口頭表達能力。要善於與人交談，能熟練自如地運用語言吸引聽眾，創造良好和諧的氣氛；要善於辯論，在一些問題的辯論中能運用邏輯性思維和準確有力的語言駁倒對方的錯誤觀點，同時做到有理、有禮、有節；要有談判能力，在談判中運用語言創造和諧的氛圍，提出有益的建議，爭取對方的理解和合作，維護公司的利益；要有演講能力，善於運用演講技巧，通過口頭語言、身體語言，讓自己的觀點深深地感染聽眾。

（五）受人歡迎的領導要掌握的10項原則

1. 記住對方的名字

熟記對方的名字可使對方對你產生深刻的印象，這是因為姓名對於個人而言，可以說是最具代表性的。

2. 做一個隨和的人

盡量使自己成為一個隨和的人，而且令人不至於感到有壓迫感。總之，你必須是一個態度輕鬆自然、毫不做作的人。

3. 止怒

為避免發怒生氣，試圖訓練自己面對任何事都能泰然處之，從容不迫。

4. 順其自然

無論任何事情都不逞強或力求表現，而以自然的態度去應對。

5. 保持關心事物的態度

如此一來，人們通常會樂於與你交往，而受關心的對象也會因你而得到鼓勵。

6. 注意細節

盡量除去個性中不拘小節之處，即使是在無意中所產生的也應如此。

7. 努力化解心中的抱怨

8. 將以愛待人的態度推及每一個人

尤其不要忘記威魯洛加斯所言：「我從未遇過討厭的人。」同時秉持這一信念努力實行。

9. 對於友人的成功不要忘記表示祝賀

對友人的成功表示祝賀；同樣地，在友人悲傷失意時，記住誠懇地致上同情

第三章　提升大學生創業意識

之意。

10. 體諒、幫助他人

對於他人處境應有深刻的體會，以便對他人有所幫助或提供參考，若能盡心盡力幫助他人，他人也會對你付出關懷與愛心。

（選自金鳴、張敏：《總經理三大能力》，北京出版社，2004年）

【案例分析】

取捨

某家橡膠公司的營業部張經理，就今後公司的策略徵求趙科長和李科長的意見。趙科長主張要積極擴大公司的規模，李科長則認為要踏實經營。張經理又是個敦厚、「凡事以和為貴」的上司。

對新銷售政策的推行，趙科長的積極策略和李科長的慎重策略是互相對立的，張經理也沒有在二者中做任何選擇，對他們的建議都說：「喔！很好。」趙科長和李科長也都認定經理支持自己的想法，於是兩種截然不同的政策就在各地分店、營業所、代理店開始實施了。

結果，行銷人員亂了陣腳，各自行動不一，備受顧客批評。張經理認為，趙科長和李科長兩人的能力不相上下，各有一番道理，所以他不想以決勝負的方式去傷害其中任何一個人。即便如此，張經理還是必須在這二者中做一個選擇。而對意見未被採納的人，也可以詳細說明自己的想法。

如果張經理採取趙科長的積極策略，李科長可能會有所不滿。相反地，如果李科長的意見被接受，趙科長可能會很沮喪。但是，在難以取捨的情況下，還是要有一個決定最好，否則像張經理這種優柔寡斷的態度，會嚴重地影響整個公司的營運。上司常會有左右為難的困擾，尤其當雙方各有優缺點時，更是陷入兩難的局面。如果能清楚地做取捨，就不會有這樣的問題了。

分析： 以這家橡膠公司來說，因為張經理知道趙科長和李科長的個性截然不同，平常兩個人的立場總是互相對立，所以才很難下決定。

其實，往往在這個時候，上司更應該站在中間的立場去做判斷。拋棄私情和同情，冷靜地思考，再做出明確的結論。雖然做出決定後，還是會有一些問題發生，但如果因此而猶豫不決的話，問題一定會更大。

【課堂活動】

活動內容：創業能力訓練。

活動目的：瞭解創業者需要具備哪些方面的能力，並通過訓練切實提高創業能力。

活動形式：以案例分析的形式，假設要在學校周圍創辦一個關於地方特色小吃方面的小店，分小組討論這些創業能力如何在創辦小店中體現，然後小組中選出代

表發言，最后教師點評。

【課后思考實踐】

1. 思考創業意識、素質、能力的關係。

2. 結合自身實際，說說自己將怎樣提高自己的創業意識、創業素質與創業能力。

第四章　創業機會識別

「生活中處處充滿著美，只是缺少發現美的眼睛。」創業的機會同樣也是如此。在當今信息爆炸的時代，如何更迅速地識別身邊的創業機會，是我們當代大學生需要關注的一個重要問題。特別是現在國家提倡「互聯網+」，這不僅給傳統企業轉型指明了道路，更使 O2O 企業如雨后春筍般紛紛破土而出，伴隨著互聯網成長的新一代大學生要順應時代的發展，回應國家「全民創業，萬眾創新」的號召，把握住時代的先機。

通過本章學習，你將能夠：
1. 學會發現生活中的創業機會；
2. 找到並篩選自己的創業方案；
3. 懂得如何做好市場調查。

第一節　創業機會與創業環境

一、創業機會概述

創業機會來源於具有商業價值的創意，其表現為特定的組合關係。

在一個完全自由的市場體系中，創業機會的出現往往是因為創業者準備進入的行業和市場上存在著縫隙，這是商業環境的變化、市場體制不協調或不健全、技術的落后或領先、信息的不對稱以及市場中其他各種因素影響的結果。對創業者而言，創業機會能否有效把握，依賴於創業者能否準確識別和充分利用這些市場縫隙。市

場越不完善，相關知識和信息的缺口、不對稱或不協調就越大，商業機會就越多，創業機會也越多。

（一）創業機會的含義

創業機會主要是指具有較強吸引力的、較為持久的有利於創業的商業機會，創業者據此可以為客戶提供有價值的產品或服務，並同時使創業者自身獲益。

（二）創業機會的特徵

1. 潛在的營利性

營利性是創業機會存在的基礎。創業者追逐創業機會的根本目的是基於創業機會組建企業，進而獲得財富。如果創業機會不具有營利性，機會也就不是創業機會了。同時，創業機會的營利性是潛在的。對於這種潛在營利性的理解尤其需要創業者擁有一定的知識和技能，同時也需要相關領域的實際經驗。因此，這也對創業機會的評價和識別造成一定的難度。很多創業機會看起來似乎具備較大的盈利可能性，但是經過仔細推敲之後卻發現是虛假的信號。因此，在創業機會的識別和評價方面，需要創業者投入更多精力。

2. 創業機會需要具體的商業行為來實現

現實中，富有價值的創業機會具有很強的時效性，如果沒有及時地把握住，一旦時過境遷，由於條件所限，原有市場就將不復存在，或者已經有其他創業者搶先一步占據市場先機，原先具有巨大價值的創業機會也會淪為無價值的市場信息。將創業機會商業化，還取決於許多客觀條件，特別是創業者所面臨的創業環境和其擁有的資源狀況。因此，在創業機會的識別和開發上，創業者應當做好準備。

第四章　創業機會識別

3. 創業機會的潛在價值能夠不斷開發和提升

創業機會的潛在價值依賴於創業者的開發活動，也就是說創業機會並非是被發現，而是被「創造」出來的。創業機會的最初形態很可能僅僅是一些散亂的信息組合，只有創業者以及創業過程的各類利益相關者積極地參與到機會識別中來，不斷磨合各自的想法，創業機會的基本盈利模式才能夠逐步形成，並且最終成為正式的企業。因此，創業機會的潛在價值具備很強的不確定性，它會隨著創業者的具體經營措施和戰略規劃的變化而發生變動。如果創業者的戰略方案與創業機會的特徵得到良好的匹配，創業機會的價值就能夠得到很大的提升，創業活動也能夠獲得較好的效果。如果相關戰略規劃與創業機會特徵不匹配，甚至產生嚴重的失誤，那麼即使創業機會潛在價值很大，也無法得到有效機會，甚至造成創業失敗。

4. 創業機會的核心特徵表現為具有商業價值的創意

從某種意義上說，創業機會是創意的一個「子集」。創業機會可以滿足創意的諸多特徵：來源廣泛；具有較強的創新性；未來的發展帶有很大的不確定性。但是，創業機會擁有大多數創意所不具備的一個重要特徵——能滿足顧客的某些需求，因而具有商業價值。這一特徵使有價值的創業機會得以從眾多創意中脫穎而出，成為創業者關注的焦點。有商業價值的創意有兩個特性：有用性及可行性。換句話說，漫無目的或是異想天開、天馬行空的創意點子對創業是沒有什麼幫助的。

因此，從眾多創意中尋找值得關注的機會，是創業者選擇創業生涯、實施創業戰略的第一步。而創業機會具有吸引力強、持久、適時的特性，它根植於可以為顧客或用戶創造或增加價值的產品或服務中。

二、創業環境概述

現在大學生創業所面臨的宏觀環境和微觀環境都十分複雜。所謂創業環境，實際上就是創業活動的舞臺。任何創業活動都是在一定的社會環境下進行的，在我們的大學生邁向社會進入創業階段的時候，呈現在面前的就是一個巨大的時空舞臺。在這個舞臺上，諸多事物和要素互動聯繫、碰撞，形成了一個面面俱到的現實環境系統，因此創業環境對大學生創業將產生十分重要的影響。

在大學生就業形勢日益嚴峻的社會背景下，採取有效措施，為大學生創業營造良好的環境，對促進大學生創業並帶動其就業具有十分重要的作用。

（一）宏觀環境分析

1. 政府金融政策支持

現在，一些地方政府解決這一問題的常用方法是專項資金扶持和貼息貸款。通過這種途徑，在短期內扶持多數創業人。政府為大學生自主創業提供各方面的保障，主要可以採用經濟、行政以及法律的手段，如：簡化不必要的程序；建立創業教育培訓中心免費為大學生提供項目風險評估和指導；盡快落實國家針對大學生創業的稅收減免的優惠政策；大學生創辦的企業被認定為青年就業見習基地的，可享受有關補貼。

創業不久的小彬，最近就收到了一個來自於某市科創通平臺的「政策紅包」。5萬元的科創幣讓他有些意外，也有些欣喜。「中小微企業馬上能兌現的科創幣相對能減少很大一部分的費用問題，而且是實實在在馬上可以變現。」小彬對這些實惠很滿意，「5萬塊錢或者10萬塊錢的檢測費，按照要求扣掉了以後，我們就可以直接出自己該出的那部分，因為政府直接幫我們掏腰包了，對我們來講是非常實惠

第四章　創業機會識別

的。」剛剛完成無線通信電子產品測試的小彬算了一筆帳，此次的檢測費用為 10 萬元，使用科創幣可以直接抵扣 20%，也就是 2 萬元。這對於一家剛剛起步的企業來說，可以節省下一筆不小的研發投入。

2. 創業培訓

政府部門除在資金上支持大學生創業外，還通過學校等教育機構對大學生進行創業培訓。培訓內容包括：申請貸款程序、創業者應具備的心理素質、基本的金融知識等。

通過系列培訓，使創業大學生能堅持理想，貫徹計劃，取得最終的成功。學校方面應採取如下措施：從政策上鼓勵支持，形成積極創業的文化氛圍；在學校建立配套科技園，加強創業教育，通過創業實踐或比賽等多種形式培養大學生創業能力。同時向大學生適度開放校內市場，以利於大學生創業實踐搭建創業服務平臺。我們學校的市場行銷專業的實訓基地就給學生提供了一個自主創業的平臺，給學生一個門面，讓學生自己去經營、管理。

(二) 微觀環境分析

大學生創業微觀環境分析主要是針對自己創業流程的一個詳細的分析，具體如下圖所示：

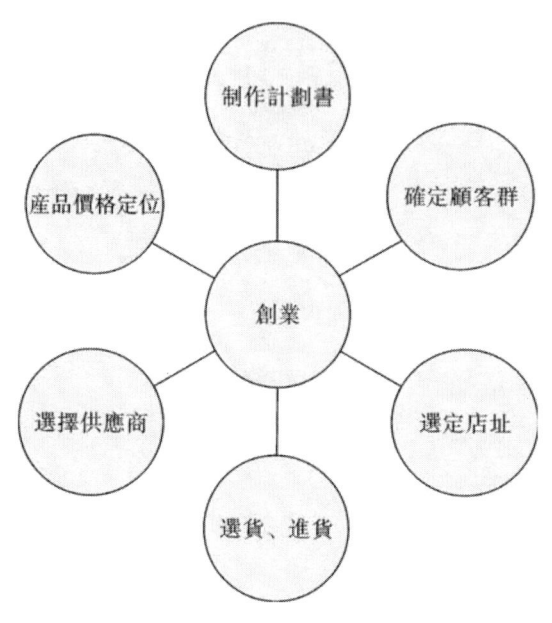

(圖：創業，周圍環節為：製作計劃書、確定顧客群、選定店址、選貨、進貨、選擇供應商、產品價格定位)

1. 製作計劃書

比如，要在市區開一個賣牛仔褲的店，開店之前要製作一份計劃書。制訂行銷計劃時要將各個環節相互聯繫構成一個完整的內部環境，各個環節的分工是否科學、協作是否和諧、目標是否一致，都會影響行銷決策和行銷方案的實施。

2. 確定顧客群

顧客群的不同直接影響價格的定位，所以人流量是在創業前最看重的一點。服裝的主要客戶人群非常廣泛，不論男女，60歲以下的人群和青年都適合，目標是讓每一個進來的顧客都可以找到自己喜歡的牛仔褲。

3. 選定店址

大多數學生選店址會選一些比較熟悉的環境。如將店址選在大學附近，或者是交通比較便利的地區。

4. 選貨、進貨

選貨要掌握當地市場行情：出現哪些新品種，銷售趨勢如何，存量多少，價格漲勢如何，購買力狀況如何。進貨時，首先到市場上轉一轉、看一看、比一比、問一問、算一算、想一想，以後再著手落實進貨。少進試銷，然後再適量進貨。因為是新店開張所以款式一定要多，給顧客的選擇余地大。

5. 選擇供應商

供應商是指為企業及其競爭者提供生產經營所需資源的企業或個人，包括提供

第四章　創業機會識別

原材料、設備、能源、勞務和其他用品等。因為大學生的資金比較匱乏，沒有很大的進貨量，所以選擇供應商時應當考慮適合自己的店面大小。

6. 產品價格定位

大學生開店一開始沒有經驗也沒有固定顧客，要吸引顧客就只有將產品的定價降低，比別人獲得更多的競爭力。

(三) 創業條件

1. 家庭條件

家庭是創業者早期接受啓蒙教育和健康成長的搖籃。創業者的家庭條件都因人而異，無論家庭條件好還是家庭條件差，對創業者來說都是可以利用的有利因素。有的家庭條件相對好一些，如家庭主要成員在社會上具有一定的地位或影響，使創業者早期便能結識一些有利於創業者將來從事創業活動的關鍵人物。也有的家庭是繼承並在不斷從事或擴大家庭傳統的創業項目，多年的經營為創業者提供了大量的經營項目和經營經驗，加之生產或經營技術的傳統壟斷性，使創業者在創業活動中往往容易成功。也有一些創業者家庭條件很一般，有的甚至較差，但這並不影響創業者的自信心和其創業活動。自古至今仍有許多創業者，他們克服了重重困難，通過自身的艱苦努力而逐步實現了自己的理想和抱負。

2. 人際條件

人際關係條件對創業者來說也十分重要。尤其是在當前市場經濟條件下，搞好人際關係，對創業者順利完成創業活動將起到積極的促進作用。所謂人際關係條件主要是指創業者在自己工作、學習以及生活的空間內，通過交往而逐步形成的相對穩定的聯繫，對創業者從事創業活動有促進和影響的各種有利條件。人具有社會屬性和自然屬性，其社會屬性主要通過人的社會行為體現出來，具體表現在個體在衣食住行等方面都不可能脫離這個社會群體，總要直接或間接地與他人發生聯繫。這樣，創業者總在自己的生活範圍內逐步形成一個相對穩定的關係網路。這個網路對於創業者來說，是一筆不可多得的財富。同時，作為創業者還要學會充分利用和調動這些有利因素，使其能最大限度地為創業活動提供援助。可見，人際關係條件對創業者來說是十分重要的。

3. 自身素質條件

創業者的自身素質條件決定了創業者的創業活動性質和經營範圍，也決定了創業者最終能否獲得成功。創業者自身素質應包括其文化素質、身體素質和心理素質等智力因素和非智力因素。在當今社會，一個成功的創業者首先要有較高的文化素質。

【案例分析】

優質咖啡屋

小樟今年25歲，她的母親經營一家建築公司，父親經營一個私人音樂學校。讀

大學生創新創業指導

高中期間，小檸是學校學生會主席。通過學生會的活動，她接觸到了藍色咖啡屋，這個咖啡屋在 A 市某旅遊點擁有特許經營權。在藍色咖啡屋，小檸在所有部門都工作過，還與員工和經理們討論過業務，因此她掌握了經營咖啡屋的訣竅，並獲得相應的資質證書。

幾年後，小檸大學畢業了，她主修信息和通信技術，輔修小型賓館管理。在學校要求的暑期實踐活動中，她為多家小賓館設計和實施了 ICT 系統，並獲得 SIFE 中國區總決賽的第一名。畢業後小檸在一家四星級賓館工作了一段時間，接著她申請並獲準經營優質咖啡屋。這家咖啡屋租用了某寫字樓的底層和草地。

小檸基於早前對該咖啡屋的瞭解，以及與相關人士的探討，已知曉下列信息：優質咖啡屋在獲得營業執照後，由另一名女士經營了十年左右。這位女士後來成立了一家公司為當地的超市加工食品，最近還移民到了外國定居。

優質咖啡屋空間非常寬敞。它的目標顧客是該寫字樓的辦公人員（約 3,000 人）以及另外 3,000 多名居民。一些顧客只是路過，另一些則是在那座寫字樓附近的企業裡工作。咖啡屋早上 7 點開門營業，晚上 10 點關門，每天接待顧客 900 餘人。咖啡屋向附近的居民提供直接配送業務、外賣服務及直接服務（自助服務和服務員服務）。在這個商業區內還有其他四家咖啡屋。第一家由於營業空間太小，顯得非常擁擠；第二家是一家國際特許經營店，價位很高；第三家位於隔壁建築的第三層；而第四家則位於后街，並且該咖啡屋沒有設置座位。目前，優質咖啡屋已經佔據了該區域 15% 的市場份額。

分析：小企業的創辦原則是：志向要大，計算要精，規模要小。

【課堂活動】

活動內容：分析環境能力訓練。

活動目的：提高對分析創業環境的重要性的認識，提高把握創業機會的能力。

活動形式：每個人列舉自己知道的或身邊創業的案例（至少一個），分析其中體現的創業條件和微觀、宏觀創業環境。同學間相互討論，發表意見；最后，教師點評。

【課后思考實踐】

1. 創業機會有哪些特點？
2. 如何尋找合適的創業機會？
3. 怎樣具體地分析創業環境？
4. 為什麼說創業前要做好創業準備？主要從哪些方面做準備？

第四章　創業機會識別

第二節　篩選企業想法

一、什麼是企業想法

一個好的企業想法是實現創業者願望和創造商機的第一步，那麼，什麼是企業想法呢？企業想法大致包含了兩層含義：第一是要有自己創辦企業的意圖；第二是要確定自己打算創辦怎樣的企業。將創辦企業的意圖轉變為想法和打算，需要考慮四個問題。

（一）你的企業打算銷售什麼

當我們走在大街上會看到各種各樣大大小小的商店，有超市，有服裝店，也有理髮店等。他們有的進行的是實物交易，也有通過售賣服務來獲得收益的，如果你打算創辦企業，銷售什麼是第一個需要考慮的問題。

現在市場上的企業主要分為四大類型：首先是貿易企業，通過批發或者零售等方式，將自己或者別人的產品銷售給消費者從而獲得收益；其次是加工製造企業，通過生產實物產品盈利；再次是服務企業，通過提供服務或者勞務獲得收益；最後是農、林、牧、漁業企業，利用土地或水域進行生產，進行種植、養殖或者飼養最終獲得收益。

（二）你的企業將向誰進行銷售

不同的企業所要面對的消費者是不同的，文具店向學生進行銷售，藥品店對病人進行銷售，玩具店向小孩子進行銷售，你的企業向誰進行銷售呢？

（三）你的企業將如何開展銷售活動

採用傳統的銷售方式還是新興的銷售方式，這也是我們需要考慮的一個比較重要的問題。

(四) 你的企業將滿足顧客哪些需要

顧客的需求大致分為物質需求和精神需求兩種。其中，初級的物質需求表現在人們沒有達到一定的消費能力之前，為了獲取賴以生存的物質所帶來的消費；精神需求則是在滿足了物質需求後，為了得到更多的非物質需求而產生的消費。而如今市場上，兩種需求都能給企業帶來收益，你的企業將滿足消費者的哪種需求也是你需要思考的重要問題。

二、產生你的企業想法

每個人想要創辦的企業有所不同，每個人所產生的企業想法也不同。我們應該從哪些方面著手產生自己的企業想法呢？

（1）從自己身邊著手，調查你身邊的社區有多少家企業，分別是什麼企業，並且調查一下這些企業、機關、事業單位及當地群眾在生產生活中需要什麼，缺少什麼，從中尋找商機。

（2）利用自己的興趣或者經驗，平時對哪一方面比較感興趣，對哪個領域有所涉獵並且也有消費者需求，經過總結和篩選也能產生企業構思。

（3）利用各種資源，調查尋找有無可利用的自然資源（如礦產、土地資源）和商品資源，通過新的想法來合理利用這些資源。

（4）參觀各種商品展銷會，能拓展思路，也能產生企業構思。

（5）在網上尋找項目，並經過自己的實際考察，也能產生自己的企業想法。

（6）頭腦風暴法。通過頭腦風暴法可以激發創新思維，而頭腦風暴法為什麼會激發我們創新呢？主要有以下幾點：

首先，頭腦風暴會產生聯想反應。聯想是產生新觀念的基本過程。在集體討論問題的過程中，每提出一個新的觀念，都能引發他人的聯想。相繼產生一連串的新觀念，產生連鎖反應，形成新觀念，為創造性地解決問題提供了更大的可能性。

其次，在頭腦風暴的過程中，容易受熱情感染。在不受任何限制的情況下，集體討論問題能激發人的熱情。人人自由發言、相互影響、相互感染，能形成熱潮，突破固有觀念的束縛，最大限度地發揮創造性的思維能力；頭腦風暴能激發競爭意識。在有競爭意識的情況下，人人爭先恐後，競相發言，不斷地開動思維機器，力求有獨到見解、新奇觀念。心理學原理告訴我們，人類有爭強好勝的心理，在有競爭意識的情況下，人的心理活動效率可增加50%或更多。

最後，頭腦風暴能刺激個人慾望。在集體討論解決問題過程中，個人的慾望自由，不受任何干擾和控制，是非常重要的。頭腦風暴法有一條原則，即不得批評倉促的發言，甚至不許有任何懷疑的表情、動作、神色。這就能使每個人暢所欲言，提出大量的新觀念。

第四章　創業機會識別

三、篩選你的企業想法

到一定的時間，大家產生了很多的企業想法，但是不知道從哪兒入手篩選和確定自己的企業想法，所以我們需要對自己的企業想法進行篩選，留下一個最適合的、最有發展前途的。那麼如何篩選出自己的企業想法呢？

我們可以從以下三個方面出發：

（1）通過顧客、競爭對手、資源和要求、技能、知識和經驗等方面來篩選企業想法。

（2）採取實地調查的方法，獲取對自己有利的信息和資源，再進行篩選並最后做出決定。

（3）SWOT 分析。所謂 SWOT 分析，即基於內外部競爭環境和競爭條件下的態勢分析，就是將與研究對象密切相關的各種主要內部優勢、劣勢和外部的機會和威脅等，通過調查列舉出來，並依照矩陣形式排列，然后用系統分析的思想，把各種因素相互匹配起來加以分析，從中得出一系列相應的結論，而結論通常帶有一定的決策性。

運用這種方法，可以對研究對象所處的情景進行全面、系統、準確的研究，從而根據研究結果制定相應的發展戰略、計劃以及對策等。S（strengths）是優勢、W（weaknesses）是劣勢、O（opportunities）是機會、T（threats）是威脅。按照企業競爭戰略的完整概念，戰略應是一個企業「能夠做的」（即組織的強項和弱項）和「可能做的」（即環境的機會和威脅）之間的有機組合。

大學生創新創業指導

【案例分析】

頭腦風暴法

有一年，美國北方格外寒冷，大雪紛飛，電線上積滿冰雪，大跨度的電線常被積雪壓斷，嚴重影響通信。過去，許多人試圖解決這一問題，但都未能如願以償。后來，電信公司經理應用奧斯本發明的頭腦風暴法，嘗試解決這一難題。他召開了一種能讓頭腦卷起風暴的座談會，參加會議的是不同專業的技術人員，要求他們必須遵守以下原則：

第一，自由思考。即要求與會者盡可能解放思想，無拘無束地思考問題並暢所欲言，不必顧慮自己的想法或說法是否「離經叛道」或「荒唐可笑」。

第二，延遲評判。即要求與會者在會上不要對他人的設想評頭論足，不要發表「這主意好極了！」「這種想法太離譜了！」之類的「捧殺句」或「扼殺句」。至於對設想的評判，留在會后組織專人考慮。

第三，以量求質。即鼓勵與會者盡可能多而廣地提出設想，以大量的設想來保證質量較高的設想的存在。

第四，結合改善。即鼓勵與會者積極進行智力互補，在盡量多地提出設想的同時，注意思考如何把兩個或更多的設想結合成另一個更完善的設想。

按照這種會議規則，大家七嘴八舌地議論開來。有人提出設計一種專用的電線清雪機；有人想到用電熱來化解冰雪；也有人建議用振蕩技術來清除積雪；還有人提出能否帶上幾把大掃帚，乘坐直升機去掃電線上的積雪。對於這種「坐飛機掃雪」的設想，大家心裡儘管覺得滑稽可笑，但在會上也無人提出批評。相反，有一工程師在百思不得其解時，聽到用飛機掃雪的想法後，大腦突然受到衝擊，一種簡單可行且高效率的清雪方法冒了出來。他想，每當大雪過後，出動直升機沿積雪嚴重的電線飛行，依靠高速旋轉的螺旋槳即可將電線上的積雪迅速扇落。他馬上提出「用直升機扇雪」的新設想，頓時又引起其他與會者的聯想，有關用飛機除雪的主意一下子又多了七八條。不到一小時，與會的10名技術人員共提出90多條新設想。

會後，公司組織專家對設想進行分類論證。專家們認為設計專用清雪機，採用電熱或電磁振蕩等方法清除電線上的積雪，在技術上雖然可行，但研製費用大，週期長，一時難以見效。那種因「坐飛機掃雪」激發出來的幾種設想，倒是一種大膽的新方案，如果可行，將是一種既簡單又高效的好辦法。經過現場試驗，發現用直升機扇雪真能奏效，一個久懸未決的難題，終於在頭腦風暴會中得到了巧妙的解決。

隨著發明創造活動的複雜化和課題涉及技術的多元化，單槍匹馬式的冥思苦想將變得軟弱無力，而「群起而攻之」的發明創造戰術則顯示出攻無不克的威力。

分析：頭腦風暴產生的聯想反應為創造性地解決問題提供了更多的可能性。

第四章　創業機會識別

【課堂活動】

活動內容：構建你的企業想法並進行篩選。

活動目的：通過篩選得到好的企業想法。

活動形式：首先分組，同學們通過頭腦風暴法產生自己的企業想法，然后利用SWOT分析法進行分析篩選，最后每組選出兩位同學發言。

【課后思考實踐】

1. 思考你有什麼好的企業想法。
2. 通過SWOT分析法分析出的劣勢和威脅，有無可以克服或者改進之處？

第三節　市場調查

一、市場調查的含義

市場調查是指運用科學的方法，有目的、有計劃地收集、整理、分析有關供求、資源的各種情報、信息和資料。它是把握供求現狀和發展趨勢，為制定行銷策略和做出企業決策提供正確依據的信息管理活動。通過市場調查，我們可以獲取有利的市場信息，為我們篩選企業想法、創辦企業等提供一定的參考和建議。

二、市場調查的分類

(一) 根據購買商品的目的分類

根據購買商品的不同，市場調查可分為消費者市場調查和產業市場調查。

1. 消費者市場調查

消費市場的購買是為了滿足個人或家庭的生活需要，例如我們去超市購買米、油和蔬菜。分析消費者市場主要是瞭解消費者需求數量和結構及變化。而消費者的需求數量和結構的變化受到多方面因素，如人口、經濟、社會文化、購買心理和購買行為等的影響。對消費者市場進行調查，除直接瞭解需求數量及其結構外，還必須對諸多的影響因素進行調查。

2. 產業市場調查

產業市場也稱為生產資料市場，其購買目的是生產出新的產品或進行商品轉賣。產業市場是初級產品市場和中間消費市場，涉及生產領域和流通領域。產業市場主要是對市場商品供應量、產品的經濟壽命週期、商品流通渠道等方面的內容進行調查。

(二) 按調查範圍分類

按調查範圍不同，市場調查可分為需求調查和供給調查。

1. 需求調查

需求調查是對市場中的消費進行調查，該消費包括現實的消費、潛在的消費、購買行為以及消費水平變化等。

2. 供給調查

供給調查是對某一時期內某市場中商品供給量的調查，包括進貨途徑、數量和貨源結構等。

(三) 按商品流通環節分類

根據商品流通環節不同，市場調查可分為批發市場調查和零售市場調查。

1. 批發市場調查

商品批發是為生產加工或進一步轉賣而出售商品的交易行為。批發市場調查主要是從批發商品交易的參加者、批發商品流轉環節的不同層次、批發商品購銷形式、批發市場的數量和規模等方面進行的調查。

2. 零售市場調查

商品零售是為了滿足個人或社會集團消費的商品交易。零售市場調查主要是調查不同經濟形勢下零售商業的數量及其在社會零售商品流轉中的比重，並分析、研究其發展變化的規律；調查消費者在零售市場上的購買心理和購買行為；調查零售商品的數量和結構等。

(四) 按產品層次分類

根據產品層次不同，市場調查可分為不同產品類型的市場調查。如按商品大類

第四章　創業機會識別

可分為食品類、衣著類、日用品類、醫藥類、燃料類等市場調查。按商品大類進行的市場調查，其資料可以用於研究居民的日常生活結構及其變化，從總體上研究市場。各種商品大類的市場調查還可以進一步劃分為不同的小類或具體商品的市場調查。如食品大類商品又可劃分為糧食類、副食類、調味品類等小類商品的市場調查。按商品小類和具體商品進行市場調查，所取得的資料對於研究不同商品的供求平衡、組織商品生產與行銷、提高企業的經濟效益是必需的，對於宏觀經濟研究也有重要作用。

（五）按空間層次分類

根據空間不同，市場調查可分為國內市場調查與國際市場調查。

1. 國內市場調查

國內市場調查是指以國內市場為對象進行的調查，可以分為全國性市場調查、地區性市場調查，還可以劃分為城市市場調查、農村市場調查。

2. 國際市場調查

國際市場調查是以世界市場的需求動向為對象進行的調查。中國國內市場是國際市場的重要組成部分，國際市場同時也影響著中國國內市場。按不同空間組織的市場調查資料，對於研究不同空間市場的特點、對於合理地組織各地區商品生產與行銷、對於地區間合理的商品流通，都具有十分重要的價值。

（六）按時間層次分類

根據時間層次不同，市場調查可分為定期市場調查和不定期市場調查。

1. 定期市場調查

定期市場調查是指對市場現象每隔一段時間就進行一次調查。其目的在於獲得關於事物全部發展變化過程及其結果的信息資料。

2. 不定期市場調查

不定期市場調查則是為了解決某種市場問題而專門組織的一次性調查。其目的在於收集事物在某一特定時點上的水平、狀態等資料。

（七）按調查組織的方式分類

根據調查組織的方式不同，市場調查可分為全面市場調查和非全面市場調查。

1. 全面市場調查

全面市場調查又稱為普查，是對市場調查對象總體的全部單位進行的調查，目的是瞭解市場的一些至關重要的基本情況，對市場狀況做出全面、準確的描述，從而為制定有關政策、規劃提供可靠的依據。其調查結果雖比較準確，但不易進行，需要較大的人力、物力等。

2. 非全面市場調查

非全面市場調查是對總體中的部分單位進行調查。它又分為市場典型調查、市場重點調查和市場抽樣調查。市場典型調查是從總體中選擇具有代表性的部分單位作為典型進行的調查，其目的是通過典型單位的調查來認識同類市場現象總體的規

65

律性及其本質。重點調查是從調查對象總體中選擇少數重點單位進行調查，其目的是通過對這些重點單位的調查，反應市場的基本情況。市場抽樣調查是根據概率原則選擇適當樣本進行的調查，其結果可以控制，在市場調查中應用範圍較廣。

（八）按調查的內容分類

根據調查的內容不同，市場調查可分為定性市場調查與定量市場調查。

1. 定性市場調查

定性市場調查是根據性質和內容對市場進行調查，如對市場環境、政治經濟環境以及來自消費者各個方面的反應等進行定性分析，為企業的行銷決策提供可靠依據。

2. 定量市場調查

定量市場調查主要是指收集和瞭解有關市場變化的各種數據進行量化或模型分析，預測潛在的需求量和商品銷售的變化趨勢。

（九）按調查的方法分類

按市場調查方法不同，市場調查可分為文案調查和實地調查。

1. 文案調查

文案調查是指通過收集各種歷史的和現實的動態統計資料，從中選取與市場調查課題有關的信息。文案調查具有簡單、快速、節省調查經費等特點，尤其是用於歷史資料和現狀的瞭解，它既可以作為一種獨立方法來運用，也可作為實地調查的補充。

2. 實地調查

實地調查是指調查者自身收集第一手市場資料的方法。它包括觀察法、實驗法和訪問法。實地調查在借助科學研究方法的基礎上，能夠得到比較真實的資料和信息。

三、市場調查的步驟

市場調查的步驟包括：①確定市場調查的必要性；②定義問題；③確立調查目標；④確定調查設計方案；⑤確定信息的類型和來源；⑥確定收集資料；⑦問卷設計；⑧確定抽樣方案及樣本容量；⑨收集資料；⑩分析資料；⑪撰寫調查報告。

調查流程包括：①調查計劃撰寫；②調查問卷設計；③調查問卷實施；④調查問卷收集、整理；⑤數據分析；⑥調查報告撰寫。

四、市場調查的內容

市場調查的內容涉及市場行銷活動的整個過程，主要包括：

（一）市場環境的調查

市場環境調查主要包括對經濟環境、政治環境、社會文化環境、科學環境和自

第四章 創業機會識別

然地理環境等的調查。具體的調查內容涉及市場的購買力水平、經濟結構、國家的方針、政策和法律法規、風俗習慣、科學發展動態、氣候等各種影響市場行銷的因素。

（二）市場需求調查

市場需求調查主要包括消費者需求量調查、消費者收入調查、消費結構調查、消費者行為調查，包括消費者為什麼購買、購買什麼、購買數量、購買頻率、購買時間、購買方式、購買習慣、購買偏好和購買后的評價等。

（三）市場供給調查

市場供給調查主要包括產品生產能力調查、產品實體調查等，具體為某一產品市場可以提供的產品數量、質量、功能、型號、品牌以及生產供應企業的情況等。

（四）市場行銷因素調查

市場行銷因素調查主要包括產品、價格、渠道和促銷的調查。產品的調查主要包括瞭解市場上新產品開發的情況、設計的情況、消費者使用的情況、消費者的評價、產品生命週期階段、產品的組合情況等。產品的價格調查主要包括瞭解消費者對價格的接受情況、對價格策略的反應等。渠道調查主要包括瞭解渠道的結構、中間商的情況、消費者對中間商的滿意情況等。促銷活動調查主要包括各種促銷活動的效果，如廣告實施的效果、人員推銷的效果、營業推廣的效果和對外宣傳的市場反應等。

（五）市場競爭情況調查

市場競爭情況調查主要包括對競爭企業的調查和分析，瞭解同類企業的產品、價格等方面的情況，競爭對手採取了哪些競爭手段和策略等。通過調查，幫助企業確定自身的競爭優勢。

五、市場調查方法

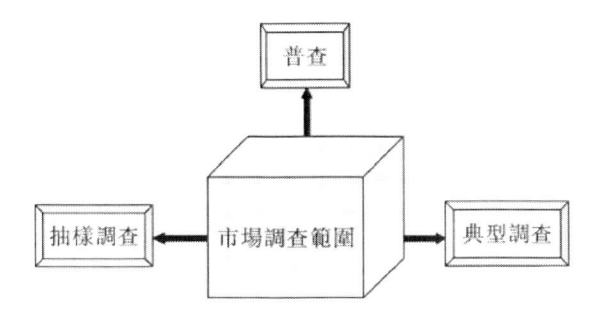

（一）按調查範圍分類

按調查範圍不同，市場調查可分為市場普查、抽樣調查和典型調查三種。

1. 市場普查

市場普查法是以市場總體為調查對象的一種調查方法，是為了瞭解市場某種現

象在一定時間範圍的情況而進行的一次全面調查。這種調查方法的基本特點是具有全面性、精確性、相對穩定。

2. 抽樣調查

抽樣調查是根據隨機的原則從總體中抽取部分實際數據進行調查，並運用概率估計方法，根據樣本數據推算總體相應的數量指標的一種統計分析方法。

3. 典型調查

典型調查是根據調查目的和要求，在對調查對象進行初步分析的基礎上，有意識地選取少數具有代表性的典型單位進行深入細緻的調查研究，借以認識同類事物的發展變化規律及本質的一種非全面調查。

（二）按調查方式分類

按調查方式不同，市場調查可分為詢問法、觀察法、試銷或試營法。

1. 詢問法

詢問法是將所要調查的事項以當面、書面或電話的方式，向被調查者提出詢問，以獲得所需資料的最常見的一種方法。

2. 觀察法

觀察法是指研究者根據一定的研究目的、研究提綱或觀察表，用自己的感官和輔助工具去直接觀察被研究對象，從而獲得資料的一種方法。科學的觀察具有目的性和計劃性、系統性和可重複性。

3. 試銷（試營）法

試銷或試營法，即對拿不準的業務，可以通過營業或產品試銷來瞭解顧客的反應和市場需求情況。

六、市場調查的必要性

（一）有助於改進企業的生產技術，提高管理水平

進行市場調查有助於更好地吸收國內外先進經驗和最新技術，改進企業的生產技術，提高管理水平。當今世界，科技發展迅速，新發明、新創造、新技術和新產品層出不窮，日新月異。這種技術的進步自然會在商品市場上以產品的形式反應出來。通過市場調查，可以得到有助於我們及時地瞭解市場經濟動態和科技信息的資料信息，為企業提供最新的市場情報和技術生產情報，從而更好地學習和吸取同行業的先進經驗和最新技術，改進企業的生產技術，提高人員的技術水平，提高企業的管理水平，提高產品的質量，加速產品的更新換代，增強產品和企業的競爭力，保障企業的生存和發展。

（二）為企業管理部門和有關負責人提供決策依據

任何一個企業都只有在對市場情況有了實際瞭解的情況下，才能有針對性地制定市場行銷策略和企業經營發展策略。在企業管理部門和有關人員要針對某些問題

第四章　創業機會識別

進行決策如進行產品策略、價格策略、分銷策略、廣告和促銷策略的制定時，通常要瞭解的情況和考慮的問題是多方面的，主要有：本企業產品在什麼市場上銷售較好，有發展潛力；在某個具體的市場上預期可銷售數量是多少；如何才能擴大企業產品的銷售量；如何掌握產品的銷售價格；如何制定產品價格才能保證在銷售和利潤兩方面都能增長；怎樣組織產品推銷，銷售費用又將是多少；等等。這些問題都只有通過具體的市場調查，才能得到具體的答覆，而且只有通過市場調查得來的具體答案才能作為企業決策的依據。否則，就會形成盲目的、脫離實際的決策，而盲目往往會導致失敗和損失。

（三）增強企業的競爭力和生存能力

商品市場的競爭由於現代化社會大生產的發展和技術水平的進步而變得日益激烈。市場情況在不斷地發生變化，而促使市場發生變化的原因，不外乎產品、價格、分銷、廣告、推銷等市場因素和有關政治、經濟、文化、地理條件等市場環境因素。這兩種因素往往又是相互聯繫和相互影響的，而且不斷地發生變化。因此，企業為適應這種變化，就只有通過廣泛的市場調查，及時地瞭解各種市場因素和市場環境因素的變化，從而有針對性地採取措施，通過對市場因素，如價格、產品結構、廣告等的調整，去應付市場競爭。對於企業來說，能否及時瞭解市場變化情況，並適時適當地採取應變措施，是企業能否取勝的關鍵。

【案例分析】

吉利公司市場調查

男人長鬍子，因而要刮鬍子；女人不長鬍子，自然也就不必刮鬍子。然而，美國的吉利公司卻把「刮鬍刀」推銷給女人，居然大獲成功。

吉利公司創建於1901年，其產品因使男人刮鬍子變得方便、舒適、安全而大受歡迎。進入20世紀70年代，吉利公司的銷售額已達20億美元，成為世界著名的跨國公司。然而吉利公司的領導者並不為此而滿足，而是想方設法繼續拓展市場，爭取更多用戶。就在1974年，公司提出了面向婦女的專用「刮毛刀」。這一決策看似荒謬，卻是建立在堅實可靠的基礎之上的。吉利公司先用一年的時間進行了周密的市場調查，發現在美國30歲以上的婦女中，有65%的人為保持美好形象，要定期刮除腿毛和腋毛。這些婦女之中，除使用電動刮鬍刀和脫毛劑之外，主要靠購買各種男用刮鬍刀來滿足此項需要，一年在這方面的花費高達7,500萬美元。相比之下，美國婦女一年花在眉筆和眼影上的錢僅有6,300萬美元，染髮劑5,500萬美元。毫無疑問，這是一個極有潛力的市場。

根據市場調查結果吉利公司精心設計了新產品，它的刀頭部分和男用刮鬍刀並無兩樣，採用一次性使用的雙層刀片，但是刀架則選用了色彩鮮豔的塑料，並將握柄改為弧形以利於婦女使用，握柄上還印壓了一朵雛菊圖案。這樣一來，新產品立即顯示了女性的特點。為了使雛菊刮毛刀迅速占領市場，吉利公司還擬定幾種不同

的「定位觀念」並到消費者中徵求意見。這些定位觀念包括：突出刮毛刀的「雙刀刮毛」；突出其創造性的「完全適合女性需求」；強調價格「不到50美分」；表明產品使用安全，「不傷玉腿」；等等。

最後，公司根據多數婦女的意見，選擇了「不傷玉腿」作為推銷時突出的重點，刊登廣告進行刻意宣傳。結果，雛菊刮毛刀一炮打響，迅速暢銷全球。

分析：市場調查研究是經營決策的前提，只有充分認識市場，瞭解市場需求，對市場做出科學的分析判斷，決策才具有針對性，從而拓展市場，使企業興旺發達。

【課堂活動】

活動內容：市場調查能力訓練。

活動目的：增強觀察市場的意識，熟悉市場調查主要調查哪些內容。

活動形式：分小組設計市場調查問卷，並且按步驟在課堂上模擬，進行一遍市場調查，發現問題，解決問題，以便更直觀地瞭解市場調查的過程。

【課后思考實踐】

1. 什麼是市場調查？為什麼要進行市場調查？
2. 市場調查方法有哪些？什麼樣的方法具體適用什麼樣的情況？

第五章 創業資源整合

創業者能否成功地創造機會，進而推動創業活動向前發展，通常取決於他們掌握和能整合到的資源數量以及對資源的利用能力。許多創業者早期所能獲取與利用的資源都相當匱乏，而優秀的創業者在創業過程中所體現出的卓越創業技能之一，就是創造性地整合和運用資源，尤其是那種能夠創造競爭優勢，並帶來持續競爭優勢的戰略資源。

通過本章的學習，你將：
1. 學會如何組建創業團隊；
2. 學會如何合理制訂創業計劃；
3. 瞭解創辦企業的融資渠道；
4. 學會如何整合創業資源。

第一節 創業團隊

一、創業團隊概述

（一）創業團隊的概念

團隊是指擁有共同目標並且具有不同能力的一群人有意識的協調行為或力的系統，是一種應用廣泛、靈活的組織形式。常見的團隊形式有教練式團隊、顧問式團隊及夥伴式團隊。教練式團隊中，團隊的領導相對組員具有較豐富的經驗、資歷以及突出的專業技能，能對組員的技能發展有清晰的思路，能提供專業的培訓、指導。這種情況下，教練一般不參與具體的執行活動，只是作為一個觀察者、管理者，主

動對組員的表現給予點評和改善意見，並提供針對性的訓練。顧問式團隊中顧問與教練同樣具有豐富的經驗、資歷以及突出的專業技能，不同的是顧問的角色離團隊更遠，組員在有問題需要幫助的時候才去尋找顧問諮詢、解決問題。這種方式適合較大數量的、不確定是否存在問題的團隊。夥伴式團隊中分工比較明確，並且崇尚一種平等、合作的氛圍。即使是管理人員與普通的一線員工也是如此。這種模式適合比較成熟的團隊，團隊有規範的流程（不成文的共識亦可），成員都能清楚自己的責任並有能力完成自己的工作。

創業團隊是由少數具有技能互補的創業者組成，他們為了實現共同的創業目標、為達成高品質的結果而努力。大學生創業團隊，是一個具有創新意識、擁有共同目標、有著不同專業知識背景的協作共同體。因此，創業階段的團隊應該是以上幾種模式的混合。簡言之，核心成員之間採用夥伴式團隊比較合適，這個依靠的是默契和信賴。

（二）創業團隊的組建

創業團隊的組建，首先應當有明確的目標。即所組建的團隊應確定要做什麼、要開發什麼產品。其次應當合理選擇團隊成員。在選人方面要考慮到隊員的年齡互補、知識互補、能力互補、性格互補、氣質互補、性別互補等方面，從各個專業挑選人才，因為不是每一個人都適合創業。在選擇隊員時不僅要考慮能力和技能，還要考慮隊員的個人偏好和個性。創業團隊每個成員的個性對團隊行為都有很大影響。如果隊員性格普遍外向、待人隨和、責任心強、感情穩定，那將是團隊的一筆大財富。如果團隊成員很靈活，可以擔任彼此的工作，這將極大地提高團隊的適應性，使團隊之間的依賴性減少。因此，在選擇隊員時要選擇那些具有靈活性的隊員，然後對隊員進行交叉培訓，讓創業團隊的每個隊員都對各方面的知識有所涉獵，讓他們可以承擔彼此的工作，使團隊的長遠績效得以提高。最後應當進行有效管理。團隊需要時間來發展和不斷改進，團隊運行過程中，就戰略目標而言，將分析團隊的願景是否和各個成員相匹配作為重要事項；就具體執行的目標而言，讓團隊成員知道每月、每週要做哪些事情。通常情況下，這個問題可以通過開會來解決。比如，團隊在每週開始前花 30 分鐘左右時間，就營運、產品、研發開個碰頭會，確定一下

第五章　創業資源整合

本周的目標，接下來認真執行。團隊應該通過不斷的討論來取得進步，而不是在短時間內解決所有問題，不能指望很快就能成為成功的團隊。

總體來說，早期創業團隊的組建，應當堅持「三個一」，即：一個核心、一個共同願景、一個產品。一個核心指的是團隊只能由一個人最后拍板，過於民主會喪失效率，同時激化內部矛盾；一個願景，指團隊所有人都明白公司的願景，只有願景一致，大家努力的方向才能保持一致；一個產品，則是指創業團隊早期做產品時數量不能太多，宜把一個產品、一件事情做精。

（三）創業團隊對創業的重要性

團隊創業與個體創業相比具有多方面的優勢：

（1）集體合作的結果優於個人成果的加總；

（2）由於人們信息的掌握不完全，個人無法發揮最大的潛能，而團隊間的信息共享能有效解決這一問題；

（3）團隊比個人更具有創造性。

此外，團隊還能充分協調成員間的關係。團隊的主要價值在於人們能夠相互配合，貢獻各自的力量，從而提高整個團隊的工作效率。

創業團隊對創業成功起著舉足輕重的作用，是新企業通向成功的橋樑。

（1）機會識別能力較強

創業團隊能夠獲得更為科學的機會評價標準，具有更大的可能性認知創業機會的必要信息，也利於實現對機會的共同認知。

（2）機會開發能力較強

創業團隊可以比較不同的開發方案，從而避免失誤，團隊成員利用社會聯繫可以有效獲得機會開發所需的資源，團隊成員的經驗累積可以增加開發成功的可能性。

（3）機會利用能力較強

創業機會的利用有兩種方式：一是自己利用，二是出售。創業團隊在自己利用機會方面有優勢，具體表現在：在思考重大決策和企業戰略的時間上有保證；團隊成員共商創業大計，避免個人臆斷，確保創業方案穩定。

二、創業團隊的特徵

（一）創業團隊與一般群體的差別

團隊與群體的根本差別在於：團隊中成員所做的貢獻是互補的，而群體中成員之間的工作在很大程度上是互換的。這具體表現在：

（1）團隊成員對團隊目標完成情況一起承擔責任，同時承擔個人責任，而群體的成員只承擔個人責任。

（2）團隊的績效評估以團隊整體表現為依據，而群體的績效評估以個人表現為依據。

（3）團隊的目標實現需要成員間彼此協調且相互依存，而群體的目標實現却不需要成員間的相互依存。此外，團隊較群體在信息共享、角色定位、參與決策等方面也進了一步。

因此，團隊是群體的特殊形態，是一個為了實現某一目標而由相互協調、相互依賴並共同承擔責任的由個體組成的正式群體。

（二）創業團隊與一般團隊的差異

（1）團隊的目的不同。初創時期的創業團隊建設的目的在於成功地創辦新企業，隨著企業成長，創業團隊可能會發生成員的變化。新組建的高管團隊是創業團隊的延續，其目的在於發展原來的企業或者開拓新的事業領域。然而，一般團隊的組建只是為了解決某類或者某種特定問題。

（2）團隊成員的職位層級不同。創業團隊的成員往往處在企業的高層管理者位置，對企業重大問題產生影響，甚至關係到企業的存亡。而一般團隊的成員往往是由一群能解決特定問題的專家組成，其絕大多數也並不處於企業高層位置。

（3）團隊成員的權益分享不同。創業團隊成員往往擁有公司股份，以便團隊成員負有更大的責任，而一般團隊未必要求成員擁有股份。

（4）團隊關注的視角不同。創業團隊成員關注的往往是企業全局性的、戰略性的決策問題，而一般團隊成員只關注戰術性或者執行層面的問題。

（5）成員對團隊的組織承諾不同。創業團隊成員對公司有一種濃厚的情感，其連續性承諾（由於成員對組織投入而產生的一種機會成本，足以產生讓成員不離開組織的傾向）、情感性承諾（個體對組織的認同感）和規範性承諾（個人受社會規範影響而不離開組織的傾向）都較高，而一般團隊其成員的組織承諾並不高。

（三）創業團隊的具體特徵

一個良性運轉的高績效團隊必然具備一些顯著的特徵，而正是由於這些特徵，一個組織才能稱為團隊或高績效團隊。

1. 目標清晰

高效的團隊對要達到的目標有清楚的瞭解，並堅信這一目標包含著重大的意義和價值。而且，這種目標的重要性還激勵著團隊成員把個人目標昇華到團隊目標中去。

2. 技能互補

高效的團隊是由一群有能力的人組成的。他們具備實現理想目標所必需的技術和能力，而且相互之間有良好合作的個性品質，從而能夠出色完成任務。

3. 溝通良好

成員之間通過暢通的渠道交換信息，相互之間能迅速、準確地瞭解一致的想法和情感。管理層與團隊成員之間的信息反饋，也有助於管理者指導團隊成員，消除誤解。

第五章　創業資源整合

4. 承諾一致

團隊成員對群體具有認同感，把自己屬於該群體的身分看作是自我的一個實現。因此，有經驗顯示，承諾一致的表現是對團隊目標的奉獻精神，願意為實現目標而調動和發揮自己的最大潛能。

5. 恰當領導

高績效團隊領導者往往擔任的是教練和后盾的角色，他們對團隊提供指導和支持，但並不試圖去控制它；他們會激發團隊成員的自信心，幫助他們更充分地瞭解自己的潛能。

6. 相互信任

團隊成員之間相互作用、直接接觸，彼此相互影響，形成一種默契、關心和信賴，不論何時，不論需要怎樣的支持，成員之間都相互給予，彼此協作，共同完成團隊的目標。

三、創業團隊的管理

（一）創業團隊管理的重點

創業團隊管理的重點是在維持團隊穩定的前提下發揮團隊多樣性優勢。

1. 創業團隊的基礎管理：團隊穩定的維持

個人英雄主義的時代已經過去，創業需要的是團隊的協作和分工，創業的過程總體來說還是人的活動，需要整個團隊共同努力，因此保持團隊的穩定對創業的成功起著至關重要的作用。創業團隊穩定主要表現在：團隊成員穩定、成員崗位穩定、收入增長穩定（穩定增長）、成員情緒穩定、成員之間以及成員與團隊的關係穩定五個方面。

維持團隊穩定的方法主要有四種：第一，用事業穩定團隊。創業團隊領袖可以通過提供奮鬥的平臺、機制、氛圍，不斷支持和鼓勵團隊成員，對出色成員給予表揚和獎勵，大力宣傳突出的貢獻和成果，從而增強團隊成員的成就感、自豪感等。第二，用感情穩定團隊。具體可以建立和諧的創業團隊成員關係和深厚友誼，真心關懷團隊成員的工作、成長、家庭，解決成員的困難等。第三，用文化穩定團隊。建立積極健康、充滿活力的團隊文化，確定充滿挑戰和社會價值的願景目標，樹立崇高的團隊價值觀、人生觀、世界觀，積極開展團隊活動，增強員工歸屬感和凝聚力等。第四，用福利穩定團隊。這具體表現為：確保團隊成員的薪酬有競爭力並穩定增長，提供安心的社會保障、生活保障，提供合理的假期和休閒活動，提供生日、紀念日禮物以及舉辦慶祝活動等。

2. 創業團隊的重點管理：團隊多樣性優勢的發揮

現代組織理論中，異質性被描述為「雙刃劍」。創業團隊的異質性也如此。一方面，團隊異質性能使團隊成員獲得多重資源和技術，進而提高團隊績效和團隊決

策質量；另一方面，團隊異質性也會使異質成員間不協調的分工阻礙團隊互動，降低成員滿意度及組織認同感，進而引起衝突，並影響團隊績效。因此，創業團隊管理者應該特別重視團隊多樣性優勢的發揮。創業團隊的多樣性可以使其充分地實現各方面的互補。創業者知識、能力、心理等特徵和教育、家庭環境方面的差異，容易對創業活動產生不利影響，創業者可通過組建創業團隊來發揮各個創業者的優勢，彌補彼此的不足，從而形成一個知識、能力、性格、人際關係資源等全面具備的優秀創業團隊。

（二）創業團隊管理的策略

1. 強化目標

團隊必須有明確的目標，從宏觀層面說是戰略目標——讓團隊成員知道我們這個團隊要做什麼，我們的產品是什麼，看看團隊的願景是否和各個成員相匹配；從微觀層面說是具體執行的目標——讓團隊成員知道每月、每週要做哪些事情。為團隊設定目標，並清晰地描繪在未來幾周或幾月或幾年想要完成的事情，里程碑圖能描述成員的表現。

2. 營造氛圍

發揮團隊文化塑造價值和傳遞價值的雙重作用，能夠深入員工內心，使員工緊密團結，榮辱與共。及時消除團隊內耗，營造一個相互幫助、相互理解、相互激勵、相互關心的工作氛圍，有利於穩定員工的工作情緒，激發工作熱情，形成共同的價值觀。

3. 加強溝通

溝通是指人與人之間、組織與組織之間的信息交流。團隊領頭人，要信任下屬，充分授權，培養員工的成就感；要開誠布公，利用多種方式，讓每位成員充分瞭解組織內外信息，解釋團隊做出某項決策的原因，鼓勵員工發表自己的看法，做到充分溝通、坦誠相待、客觀公平。

4. 增強信任

團隊的尊重與信任包括兩重含義：一是特定團隊內部的每個成員都能夠相互尊重和彼此信任；二是組織的領袖或團隊的管理者能夠為團隊創造一種相互尊重、彼此信任的氛圍，確保團隊成員有一種完成工作的自信心。人們只有彼此尊重和信任對方，團隊工作才能比這些人單獨工作更有效率。

5. 建立歸屬感

應該在員工清楚自己角色的基礎上，留住員工的心，增強員工的歸屬感。組織應積極幫助員工進行職業生涯規劃，讓員工更好地規劃自己的人生。只有員工更好地開發自己的潛能，實現自我價值，才能為團隊帶來更多的價值。

（三）創業團隊功能的強化

創業的成功不僅是自身資源的合理配置，更是各種資源調動、聚集、整合的結果。創業團隊是由很多成員組成的，團隊成員在團隊裡扮演的角色不同，對團隊完

第五章　創業資源整合

成既定的任務所發揮的作用也不同。

（1）不同角色對團隊的貢獻。不同角色在團隊中發揮著不同作用，因此，團隊中不能缺少任何角色。一個創業團隊要想緊密團結在一起，共同奮鬥，努力實現團隊的願景和目標，各種角色的人才都不可或缺。例如，創新者提出觀點，實幹者執行計劃，凝聚者潤滑調節各種關係，信息者提供支持的武器，協調者協調各方利益和關係，推進者促進決策的實施（沒有推進者效率就不高，推進者是創業團隊進一步發展的「助推器」），監督者監督決策實施的過程，完美者注重細節，強調高標準（沒有完美者的團隊的線條會顯得比較粗，因為完美者更注重的是品質、標準）。

（2）團隊角色搭配。團隊當中有不同的角色，角色和角色配合的時候，也會存在著若干問題，在角色搭配的時候需要特別注意以下幾點：

第一，創新者碰到協調類的上司，這時他們間的關係應該沒有問題，因為協調者善於整合各種不同的人一起去達成目標；但如果創新者碰到實幹類的上司往往就會不太理想，因為實幹者喜歡按計劃做事，不喜歡變化。

第二，作為同事，創新者和凝聚者之間不會有問題，因為凝聚者擅長協調人際關係；但如果一個創新者碰到另一個創新者同事，這時兩人會圍繞著各自的立場和觀點展開爭論，內耗也就可能出現。

第三，創新類的領導，如果碰到一個實幹類的下屬會很高興，因為有人在幫他把具體的工作往前推，正好是一種互補；但要碰到一個推進類的下屬，他們間的矛盾可能就會激化。

第四，兩個完美者在一起，可能作為上司的完美者並不欣賞作為下屬的完美者，因為完美者永遠覺得自己的標準是最高的，很難接受別人的標準；但如果完美者碰到實幹者同事，往往彼此間很欣賞；如果碰到一個信息類的上司，完美者下屬與他就會有一些衝突，因為信息導向者對於外界的新鮮事物接受很快，而完美者主張必須有120%的把握才去做，他們會對要不要採取新的方式和方法產生矛盾。

在瞭解不同的角色對團隊的貢獻以及各種角色的配合關係後，就可以有針對性地選擇合適的人才，通過不同角色的組合來達到團隊的整合。由於團隊中的每個角色都有優點和缺點，領導者要學會用人之長、容人之短，充分尊重角色差異，發揮成員的個性特徵，找到與角色特徵相契合的工作，使整個團隊和諧，達到優勢互補。優勢互補是團隊搭建的根基。

【案例分析】

團隊的精髓

《西遊記》中的唐僧團隊，雖然是虛擬的，但是師徒歷經千難萬險求取真經的故事，不僅家喻戶曉，而且成為中國文化的集中代表。這個團隊最大的優勢就是互補性。領導有權威、有目標；員工有能力，目標不夠明確，有時還會開小差。但是總體來看，這個團隊是個非常成功的團隊，雖然歷經九九八十一磨難，但最后修成

了正果。一個堅強的團隊，基本上要有四種人：德者、能者、智者、勞者。德者領導團隊，能者攻克難關，智者出謀劃策，勞者執行有力。

德者居上——對於大企業的領導人來說，要有意識地淡化自己的專業才能，用人唯能，攻心為上。銳圓曾言道，大老闆只要求有兩項本事：一是胸懷；二是眼光。有胸懷就能容人，劉備胸襟小點，眼裡就只有自己那兩個把兄弟，后來才有「蜀中無大將，廖化為先鋒」之說；曹操雅量大點，地盤實力也就大點，到他兒子就有改組漢朝「董事會」的能力。目光如炬，明察秋毫，洞若觀火，高瞻遠矚，有眼光就不會犯方向性的錯誤。

智者在側——豬八戒之所以需要「八戒」，因為他從不掩飾自己的個人要求和慾望，對自己的權益十分重視，是一頭自由主義的特立獨行的豬。他不會頭腦發熱，不會被「普度眾生」這樣鮮明的公共理想煽動，他認為成佛遠不如做高老莊的女婿瀟灑，他的理念立場基於個體生命真實感覺，沒有專心取悅於唐僧的動機；他從不忽視自己言論自由的權利，取經路上議論風生，而且多是反對意見——這是關鍵的關鍵。

能者居前——孫悟空是受控的能者。孫悟空是優秀的職業經理人，他的才能吳承恩先生已做完整的表述。需要關注的是他和唐僧（總經理）以及觀音（執行董事，資方代表）的信用關係。唐僧在領導孫悟空時，緊箍咒作為最后手段，雖然也用過，但孫悟空從來沒有因為要放棄自己保衛唐僧的責任而被實施緊箍咒。唐僧也沒因為有了緊箍咒，事事處處表現自己的控制慾。

勞者居其下——沙僧包括白龍馬是接近領導的工作人員。如果說豬八戒和孫悟空還有缺陷的話，沙僧完全可以打 100 分，大多數人愛在領導身邊說些閒言碎語，最難做到的就是閉嘴不叫，沙僧同志做到了。

觀音為唐僧配備的人才少而精，並建立了有效的制約機制。唐僧直接管理孫悟空，但只能在孫悟空突破底線時才動用緊箍咒，平時則讓其充分發揮能動作用；孫悟空對豬八戒在具體工作上有管理權力，但他也限制不了豬八戒的言論自由，他自己的行為反而受到豬八戒的輿論監督；豬八戒雖然有「散伙回家」的思想，但有孫悟空的金箍棒，思想不能轉化為行動；沙和尚作為「辦公室主任」，管理行李和白龍馬，對一線事務從不插嘴，使得團隊既和諧又有創造力。

【課堂活動】

內容：從多個角度思考問題。

目的：通過把問題放在不同的環境中進行思考，即從多個角度思考問題，從而發現新的想法。

題目：站報紙。

要求：想出一個辦法，把一張報紙鋪在地上，不允許把報紙剪開或者撕開，兩個人面對面地站著，卻碰不到對方。

第五章　創業資源整合

思路：兩個人站在門口，把報紙放在門下，一個人站在門裡面，一個人站在門外面。

【課后思考實踐】

1. 在團隊組建中，創業成員的基本素質考察主要從哪些方面著手？
2. 試述創業團隊的重要性。
3. 假設你選擇創業，你認為在創辦企業初期，員工管理主要包括什麼？
4. 優秀的創業團隊管理的策略包含哪些？

第二節　創業計劃

一、創業計劃的內容

（一）創業目標與創業計劃

目標就是一個人做事要想要達到的境界和標準。有的目標是根據自己的向往或需要而設定的，有的目標是根據社會意識形態和社會標準建立的。創業目標是創業者在創業過程中努力爭取想要達到的預期結果。創業目標落實到具體行動上，便構成了創業計劃。創業計劃是為了順利實現創業目標而在創業實踐活動開始之前制定出來的一系列實現創業目標的仲介手段。

1. 創業計劃需要闡明新企業在未來要達成的目標

一般說來，創業目標必須明確，要求既能切合實際，又能付諸實踐。目標過高或過低，都會影響到創業的成功。創業目標需要包括「幹什麼」「怎麼干」「預期結果可能會怎樣」三方面的內容，這是創業內容順利展開的前提。創業目標確立並經

79

過充分論證后，創業者就應著手制訂創業計劃。創業計劃是創業者實現創業目標過程中合理設計的一種規劃。創業計劃的合理制訂對於創業者分步驟、分階段實施創業目標的作用很大。一個成功的創業者，不僅要確立合理的創業目標，還應學會科學制訂創業計劃；沒有規劃的創業目標往往易使創業者忽視創業的時間觀念和創業過程的實效性。所以，創業者需要把創業目標逐步分解，準確地把握每個創業階段的不同任務，從而最終實現創業目標。

2. 創業計劃需要闡明如何達成創業目標

創業目標是抽象的，不便於直接操作，但創業計劃是具體的、可操作的。一份好的創業計劃就是一個創業的可行性報告。計劃的制訂建立在對自己創業條件和能力分析的基礎上，展示了創業者的能力和決心。一份好的創業計劃，應該包括創業目標的制定和實現目標的措施。制訂創業計劃是一個將創業目標所包含的全部內涵逐一分解、層層細化直至便於操作的過程。這樣，創業過程實際上便成為實施計劃的過程，而制訂創業計劃又變為明確創業目標、落實創業措施、提升創業成功率的過程。

(二) 創業計劃的核心內容

1. 產品（服務）創意

創意就是打破陳規，不循規蹈矩，觸及而發，無中生有，產生具有新穎性和創造性的想法。產品（服務）創意，是指創業者從自己的角度考慮向市場提供可能的產品（服務）的構想。這種構想既迎合市場本身的需求，也體現創業者或研發者自身的創造研發能力。一般來說，一個好的產品（服務）創意往往能夠帶動本行業的改革和創新，對一個行業的發展有著重要意義。在產品介紹時，創業者要對產品做出詳細的說明，說明不僅要準確，還要通俗易懂，使非專業的投資者也能明白。一般來說，產品（服務）介紹都要附上產品原型、照片或者其他介紹。

2. 創意價值合理性

價值合理性是德國社會學家馬克思·韋伯（Max Weber）研究人的行為時提出的，它是指由宗教、倫理、道德、審美一類價值意識決定的行為，是一種對經濟事實的價值判斷。創意價值合理性是通過個人內心與眾不同的想法，創造出蘊含在企業產品（服務）中某一方面的價值，同時對此價值做出合理的判斷。

3. 顧客與市場

顧客需求是公司實施戰略管理規劃的最關鍵的因素，是市場行銷工作的核心。公司通過對各種內外部資源進行有效整合，及時按照顧客對產品和服務的不同需求進行市場細分，確定目標市場。在為顧客提供產品和服務的過程中，公司不斷傾聽顧客的聲音，挖掘顧客的真正需求，並將之轉化為技術要求，實現產品和服務的持續改進，提高顧客的滿意度和忠誠度。

4. 創意開發方案

企業對新產品創意開發的方案一般有兩種：

第五章　創業資源整合

　　第一種是對原產品進行改進，包括：①改進原產品的質量屬性，即改善原產品的功能特性，提高原產品的耐用性和可靠性。②改進原產品的特色，即從尺寸、重量等方面增加產品的新特色。這種方式耗費少，收益大，但極易被模仿。③擴大產品的使用功能及多方面的適用性，使產品除具有基本功能之外，還有相應的附加功能，使其真正成為複合型產品，使消費者享受到更多的使用價值和附加利益。④改進原產品的式樣，即通過改變產品的外觀、款式、包裝等外在內容來增強美感，吸引更多顧客的眼球。⑤改進服務。眾所周知，產品不僅包含有形的產品，也包括無形的服務。任何時候把服務放在第一位總是對的。因此，改進服務質量也成為產品改進的一部分。

　　第二種是自行研究設計新產品，包括：①從基礎理論的研究開始，經過一系列的應用研究和開發研究，研製出新產品，並投放到市場中。②借鑑已有的基礎理論，這種方式較前一種方式的耗費要少。③運用已有的基礎理論和研究成果進行開發性研究。這種方式較前兩種耗費的人力和物力更少，且往往在落後趕超先進的時候十分有效。通過引進技術或者移植生產，可以極大地節省開展新的技術研究活動耗費的大量時間和成本。

　　5. 競爭者分析

　　競爭者分析是指企業通過某種分析方法識別出競爭對手，並對他們的目標資源市場力量和當前戰略等要素進行評價。其目的是準確判斷競爭對手的戰略定位和發展方向，並在此基礎上預測競爭對手未來的戰略，準確評價競爭對手對本組織的戰略行為的反應，估計競爭對手在實現可持續競爭優勢方面的能力。對競爭對手進行分析是確定組織在行業中的戰略地位的重要方法。

　　競爭者分析一般包括以下五項內容：①識別企業的競爭者。識別企業競爭者必須從市場和行業兩個方面分析。②識別競爭對手的策略。③判斷競爭者的目標。④評估競爭者的優勢和劣勢。⑤判斷競爭者的反應模式。

　　6. 資金和資源需求

　　創業計劃的實現需要啓動資金和資源。啓動資金用來支付場地（土地和建築）、辦公家具和設備、機器、原材料和商品庫存、營業執照和許可證、開業前廣告和促銷、工資以及水電費和電話費等費用。這些支出可以歸為兩類：投資（固定資產）和流動資金。

　　7. 融資方式和規劃

　　制訂創業計劃之後，創業者需要第一筆資金開始他的創業計劃，這時往往需要進行融資。所謂融資，就是指企業資金籌集的行為與過程，即公司根據自身生產經營狀況、資金擁有狀況以及公司未來經營發展需要，通過科學預測和決策，採用一定的方式，通過一定的渠道向公司的投資者和債權人籌集資金、組織資金的供應，以保證公司正常生產需要和經營管理活動需要的理財行為。

8. 如何獲取回報

獲取回報是創業計劃的關鍵部分,是創業投資者十分關心的問題。它主要是指:投資人在面對資金需求及資本結構構成時,為保證項目實施,需新增投資是多少;新增投資中,需投資方投入多少,對外借貸多少,企業自身投入多少;對外借貸、抵押或擔保措施是什麼;投入資金的用途是什麼,以及可以得到的回報大小如何;預計未來3~5年平均每年淨資產回報率是多少,投資方以何種方式收回投資,具體方式是什麼等。任何投資中,影響企業價值評估的財務情況總是投資人最關心的問題。

(三) 創業計劃的調整

制訂周密的創業實踐計劃,應該以創業目標為依據。制訂創業實施計劃的目的是配置資源、協調諸方面關係、提高創業實踐的針對性和整個創業活動的效益。在創業實踐中,創業計劃的類型較多。根據實際創業條件和情況,可以在創業活動具有戰略性、綱領性的指導意義的前提下,制定為實現長期目標而擬定的重要行動步驟、分期目標和重大措施。但如果條件發生變化,則當初計劃中制定的行動步驟和措施也需要進行相應的調整,更進一步,為了讓目標更明確,還可以制訂出年度計劃、季度計劃、月度計劃等。另外,根據企業生產經營內容不同,企業各方面的計劃包括財務計劃、基建計劃、廣告宣傳計劃都需要根據目標的變化及時做出調整。計劃只是目標落實到紙上的一個框架,制訂出來以後,隨著外界條件發生變化,需要及時進行調整,以使生產隨時符合外部市場環境的要求。

二、創業計劃的基本結構

創業計劃應當盡可能地充實,為潛在的投資者描繪一幅完整的企業藍圖,使他們對新的風險企業能有更多的瞭解,並幫助創業者深化對企業經營的理解。一般來說,一份完整的創業計劃應包括導言、行業分析、公司的情況、管理、投資說明、風險因素、投資回報、經營分析與預測、財務報告、附錄等部分。下面詳細介紹各個部分應包含的信息。

(一) 導言

導言是對創業計劃內容所做的簡要概括,包括企業的名稱和地址、創業者的姓名和通信地址、企業的性質、企業經營範圍、對所需籌措資金的陳述以及對報告機密性的陳述。

(二) 行業分析

行業分析是指根據經濟學原理,綜合運用統計學、計量經濟學等分析工具對影響行業經濟的各種要素進行深入的分析,從而發現行業運行的內在經濟規律,進一步預測未來行業發展的趨勢。它對指導行業內企業的經營規劃和發展具有決定性的意義,它主要包括對將來的展望、發展趨勢分析、競爭者分析、市場分析以及行業

第五章　創業資源整合

預測。

（三）新企業的描述

新企業的描述包括對新企業所生產的產品或提供的服務、規模、辦公設備、員工、管理者以及研發狀況的描述。

（四）生產計劃

生產計劃是指在可用資源條件下，企業在一定時間內生產什麼、生產多少、什麼時間生產，具體包括生產產品的製造過程、所需具備的廠房、機器和設備以及原材料採購供給。

（五）行銷計劃

市場行銷計劃主要包括產品計劃、價格計劃、銷售渠道計劃、儲運計劃、促銷計劃、市場信息計劃、市場調查計劃、市場拓展計劃、行銷費用預算計劃、綜合行銷計劃等。企業的行銷計劃，是企業「正確地做事」的指導思想。

（六）組織計劃

組織與管理對創業的成敗至關重要。一般來說，一個人員結構合理、組織設計適宜、管理與技術及行銷水平較高的創業團隊，是更容易獲得創業成功的。從創業來看，一個創業團隊需要三方面的優秀人才：優秀的管理者、優秀的技術人員、優秀的行銷人員。因此，創業者需要認真考慮創業團隊的構成，並在創業計劃中很好地描述出來，這樣既能夠獲得更多人的支持，也能夠提高本身創業成功的信心。組織計劃包括組織的所有權形式、合作者或主要股權所有人、負責人的權力、管理團隊的構成、組織成員的角色和責任。

（七）風險因素

為了使創業計劃更完善，必須有風險描述部分。進行風險分析是確認投資計劃的風險並以數據方式衡量風險對投資計劃的影響的過程，目的是向投資者說明控制和避免風險的策略。企業內部風險包括管理風險、生產風險、經營風險、雇員風險（對關鍵雇員的依賴程度）；企業外部風險包括資源風險（供應商風險）、市場風險和政策風險等。

（八）財務計劃

財務計劃包括資產負債預估表、損益預估表、現金流量表、盈虧平衡分析、資金的來源和運用。

（九）投資回報

投資回報主要考慮創業投資回報率的問題。如創業項目能帶來多少利潤、投資回報率比投資國債或購買企業債券所獲利息率高多少、需要多長時間才能收回本錢、該項目的機會成本是多少。考慮到創業可能面臨的各項風險，合理的投資回報率應該在25%以上。一般而言，15%以下的投資回報率是不值得考慮的。

（十）附錄

附錄包括市場研究材料、租約或合同、供應商和競爭者的報價單、產品的有關

報導、樣品、圖片、榮譽等。

三、創業計劃的問題和困難

（一）知識限制

創業需要企業註冊、管理、市場行銷與資金融通等多方面的豐富知識。如果對目標市場和競爭對手情況瞭解甚少，在缺少相應知識儲備的情況下，創業者在殘酷的市場競爭中將處於劣勢。創業需要創業者在實際操作中把自己的知識與所創事業有機結合起來，但是很多創業者眼高手低，當創業計劃轉變為實際操作時，才發現自己根本不具備解決問題的能力，這樣的創業無異於紙上談兵。同時，在撰寫創業計劃書時，許多創業者無法把自己的創意準確而清晰地表達出來，缺少個性化的信息傳遞方法，或者採用的數據經不起推敲，沒有說服力。

（二）經驗缺乏

經驗是從多次實踐中得到的知識或技能。創業需要有管理經驗、對市場開拓的經驗、行銷方面的經驗等。大學生有理想、有抱負，但容易眼高手低，很多人沒有任何實際經營經驗，在這種情況下，本著「摸著石頭過河」的戰略方針開始創業之路，其過程中的一個個小問題如果沒辦法及時有效地解決，很容易變成一顆顆「炸彈」，一旦爆發，也就宣告該次創業失敗。

（三）心態問題

創業者空有創業激情，心理準備不足。從創業失敗的情況看，許多創業者熱情很高，但缺乏吃苦耐勞和堅持不懈的精神。尤其大學生創業群體受年齡及閱歷等方面的限制，對創業風險沒有清醒的認識，缺乏對可能遭遇到風險和失敗的必要準備，並且，在創業時如果缺乏前期市場調研和論證，只是憑自己的興趣和想像來決定投資方向，結果注定失敗。創業首先要有風險意識，要能承受住風險和失敗，其次還要有責任感，要對公司、員工、投資者負責。另外務實精神也必不可少，創業者必須踏實做事。

（四）創新能力薄弱

創新能力，也稱為創新力，是運用知識和理論，在科學、藝術、技術和各種實踐活動領域中不斷提供具有經濟價值、社會價值、生態價值的新思想、新理論、新方法和新發明的能力。創新能力是企業競爭的核心力，創新能力並不意味著要斥巨資開發出劃時代的新技術。大學生創業企業既沒有這樣的資源條件，更沒有時間。大學生在創業過程中，一方面由於風險比較大，不具備進行產品（服務）技術創新的條件；另一方面，缺少專業性人才對產品（服務）進行升級換代的研究，同時缺少資金使得企業用於創新和研發的經費很少，導致企業創新能力薄弱。

（五）資金問題

資金是企業經濟活動的第一推動力，是經營企業的本錢。大學生要想憑藉自己

第五章　創業資源整合

的技術或創意獲得應有的回報，就必須解決好資金的籌措問題。萬事開頭難，如果資金不足，那麼創業就更難。目前，大學生創業缺資金少經驗是普遍存在的問題，表現為急於得到資金，給小錢讓大股份、賤賣技術或創意。另外也表現為對風險投資不負責任，「燒」別人的錢圓自己的夢。

除此之外，社會的大環境也讓大學生創業感到有些艱難。創業所需的各種服務比如律師事務所制度、會計師事務所制度等還不完善。

四、創業計劃書的編寫

一個創業計劃通常包括公司介紹、主要產品和服務範圍、市場概貌、行銷策略、銷售計劃、市場管理計劃、管理者及組織、財務計劃、資金需求等情況。現就編寫創業計劃書的部分要點問題概括如下：

（一）摘要（執行總結）

摘要（執行總結）是整個創業計劃書的概括性總結，通常計劃書的讀者在閱讀了創業計劃書的摘要（執行總結）后，對此份創業計劃書是否再有興趣讀下去已做出判斷。在摘要（執行總結）中通常要簡單回答以下問題：

(1) 創業企業所處的行業、企業經營的性質和範圍。
(2) 主要產品的內容。
(3) 創業企業的市場在哪裡，誰是新企業的顧客，他們有哪些需求。
(4) 創業企業的合夥人、投資人是誰。
(5) 創業企業的競爭對手是誰，競爭對手對企業的發展有何影響。

（二）產品（服務）介紹

在進行投資項目評估時，投資人最關心的問題就是創業企業的產品、技術或服務在多大程度上能夠解決現實生活中的問題，或者創業企業的產品（服務）能否幫助消費者節約開支、增加收入、能否節約能源。因此，產品（服務）介紹是創業計劃書中不可缺少的內容。

在產品（服務）介紹部分，企業家要對產品（服務）做出詳細的說明；說明要準確、通俗易懂，使得非專業型的投資者也能明白。產品介紹最好附上產品實物照片或其他資料。在產品（服務）介紹中通常要回答以下問題：

(1) 消費者希望產品（服務）能解決什麼問題，消費者能從企業的產品（服務）中獲得什麼好處。
(2) 與競爭對手相比創業企業的產品有哪些優點，消費者為什麼會選擇本企業的產品。
(3) 你為自己的產品（服務）採取了何種保護措施，擁有哪些專利、許可證，或與已經申請專利的廠家達成了哪些協議。
(4) 為什麼產品定價可以使創業企業產生足夠的利潤，為什麼消費者會大批量

購買本企業的產品。

（5）創業企業採用何種方式改進產品的質量、性能，企業對發展新產品有哪些計劃等。

在產品介紹中，雖然誇讚自己的產品是推銷所必需的，但應注意，企業創業計劃書中的每一項承諾，都要努力去兌現。

（三）人員及組織結構

一支有戰鬥力的創業管理隊伍的成員應該是互補型的，而且要具有團隊精神。創業企業通常要求具備負責產品設計與開發、市場行銷、生產作業管理、企業理財等能力的專業人員。

除此之外，還應對公司的組織結構進行簡要介紹，提供公司的組織結構圖、各部門的功能與責任、各部門的負責人及主要成員、公司的報酬（分配）體系、公司的股東名單、公司的董事會成員、各位董事的背景資料等。

（四）市場預測

市場預測是對來來商品的供求變化、相互關係以及各種影響因素的變化進行估計和預算。開展市場預測的意義和作用有：市場預測是制定企業發展戰略的依據；市場預測是選擇目標市場的重要前提；市場預測是提高企業競爭能力和市場反應能力的手段。

市場預測的內容如下：

1. 市場需求預測

用專門的手段和方法（通常用統計學的方法），對市場需求、消費者購買力、商品價格的變動趨勢、商品市場的壽命週期、市場的佔有率、行銷的發展趨勢、產品所需的資源等進行預測。

2. 市場預測的程序

第一，確定預測目標，包括預測的內容、範圍、要求、期限等。

第二，擬訂預測方案，包括根據預測目標的內容和要求，編製預測計劃，確定參加人員。

第三，收集整理資料，包括通過各種調查方式收集、整理、篩選、分析與主體有關的資料。

第四，建立預測模型，包括選擇適當的預測方法和評估方法，確定經濟參數，分析各種變量之間的關係，建立反應實際的預測模型。

第五，進行分析評估，包括利用選定的預測模型和方法，對各種變量數據進行具體計算，並將結果進行分析、檢驗和評價。

3. 預測方法

預測方法包括：經驗判斷預測法（憑藉直覺、主觀經驗和綜合判斷能力）；德爾菲法；時間序列分析預測法；因果分析預測法。

第五章　創業資源整合

（五）行銷策略

影響行銷策略的主要因素有消費者的特點、產品的特徵、企業自身的狀況和市場環境。在創業計劃書中，行銷策略主要包括市場結構和行銷渠道的選擇、行銷隊伍和管理、促銷計劃和廣告策略、價格決策等。

（六）（生產）製造計劃

創業計劃書中的生產製造計劃主要包括產品製造和技術設備現狀、新產品投產計劃、技術提升和設備更新的要求、質量控制和質量改進計劃。通常，生產製造計劃要求回答以下問題：

（1）生產製造所需的廠房、設備情況如何。
（2）怎樣保證新產品在進入規模生產時的穩定性和可靠性。
（3）誰是原材料供應商。
（4）生產線的設計與產品組裝是怎樣的。
（5）供貨者的前置期和資源的需求量如何。
（6）生產週期標準的制定以及生產作業計劃的編製。
（7）物料需求計劃及其保證措施。
（8）質量控制的方法是怎樣的。
（9）其他相關問題。

（七）財務計劃

財務計劃需要花費較多的時間和精力，編製財務報表，專業性較強。在財務計劃中，通常要回答以下問題：

（1）產品在每個（會計）期間發出量有多少。
（2）什麼時候開始產品線的擴張。
（3）單位產品的生產費用是多少。
（4）單位產品的定價是多少。
（5）使用什麼分銷渠道，所預期的成本和利潤是多少。
（6）需要雇用哪幾種類型的人員，雇用何時開始，工資預算是多少。

在計劃書的財務計劃中還應提供的資料有創業計劃書的條件假設、預期的資產負債表、預期的損益表、現金收支分析、資金的來源與使用分析。

五、創業計劃書的展示技巧

一份好的計劃書可以吸引投資者或者潛在投資者對這一項目的關注，而要達到這一目的，一方面需要合理安排創業計劃書的內容，另一方面需要在展示的過程中利用一些技巧，從而可以使投資者在最短的時間內瞭解這一項目的基本內容。通常，就內容而言，在展示計劃書的過程中需要注意以下方面：

（一）創業計劃書應適當簡短

創業計劃書除了要求對準備創業計劃的目的、過程和結果進行全面描述外，還

要求簡短，盡量避免長篇贅述，要做到主題突出。

（二）創業計劃書的結構要有邏輯性，可以進行適當包裝

創業計劃書中的目錄、執行摘要、正文等內容之間都有很強的連貫性和邏輯性，在書寫的過程中要注意內容之間相互呼應，不得出現相互矛盾的現象。同時，對於創業計劃書的裝訂也可以進行適當的包裝，但要體現莊重、大方，不要過度修飾、喧賓奪主。

（三）創業計劃書中的預測數據要突出、合理

計劃書不是對已經發生的事情的描述，而是對項目的預期收益進行闡述，通過對投資回收期、投資報酬率等指標的計算和預測來說明項目投資的價值。但提供的預測數據也要有根據，令人信服，避免誇大其詞。

除了在書面內容方面要注意展示的技巧外，創業計劃書有時候還需要與投資者進行面對面的交流，在這個過程中也需要注意展示的技巧。

創業計劃書兼具演講和報告的雙重特點，一方面要求內容準確和嚴謹，另一方面也要求具有一定的鼓動情緒的作用，激情在創業計劃展示中發揮著重要的作用。在面對面進行展示的過程中，一方面要字正腔圓，表情豐富，動作優美，感情充沛，另一方面要以理服人。

六、企業計劃的作用

創業計劃是創業的行動導向和路線圖，是大學生或者企業面向投資者推銷宣傳自己的工具和企業對內部加強管理的依據。它的作用體現在：

（一）為創業者行動提供指導和規劃

在創業融資之前，創業者需要有一個合理的規劃，從而形成創業計劃。創業需要創業者以認真的態度對自己所有的資源、已知的市場情況和初步的競爭策略做詳盡的分析，並構思出一個初步的行動計劃，做到心中有數。對初創的風險企業來說，創業計劃尤為重要，一個醞釀中的項目，往往很模糊，通過制訂創業計劃，把所思所想條理清楚地記錄下來，然后再逐條推敲，會使創業者對創業項目有更加清晰的認識，還為創業資金的形成和風險分析預先有所準備。

（二）幫助創業者凝聚人心，進行有效管理

一份完美的創業計劃書可以增強創業者的自信，使創業者明顯感到對企業更容易控制、對經營更有把握。因為創業計劃提供了企業全部的現狀和未來發展的方向，也為企業提供了良好的效益評價體系和管理監控指標。創業計劃書使得創業者在創業實踐中有章可循。

創業計劃書通過描繪新創企業的發展前景和成長潛力，使管理層和員工對企業及個人的未來充滿信心，並明確要從事什麼項目和活動，從而使大家瞭解將要充當什麼角色、完成什麼工作，以及自己是否勝任這些工作。因此，創業計劃書對於創

業者吸引所需的人力資源、凝聚人心，具有重要作用。

（三）為創業者與外界溝通提供基本依據

創業計劃書作為一份全方位的創業計劃，對即將展開的創業項目進行可行性分析，也向風險投資商、銀行、客戶和供應商宣傳擬建企業及其經營方式，包括企業的產品、行銷、市場及人員、制度、管理等，在一定程度上也是擬建企業對外進行宣傳和包裝的文件。一份完美的創業計劃不但會增強創業者自己的信心，而且會增強風險投資家、合作夥伴、員工、供應商、分銷商對創業者的信心。而這些信心，正是創業者走向成功的基礎。

【課堂活動】

內容：瞭解創業計劃的重要性。

目的：通過創業成功的案例分析創業計劃的重要性。

要求：學生五人一組，當堂撰寫一份創業計劃書，包括主體框架及主要內容，然後各組進行課堂答辯（限時5分鐘），並以投票形式選取優秀創業團隊。

思路：分析創業計劃的主體框架和主要內容。

【課后思考實踐】

通過網路、報刊等渠道查找相關創業案例，選取其一進行描述並結合創業計劃書的重要性，闡述分析自己所查找的案例中主人公的做法、定位及其可行性。最後，結合前期關於創業知識的學習內容闡述自己的想法。

第三節　融資管理

一、創業融資的含義

融資簡單來說就是一個企業的資金籌集的行為與過程。所謂創業融資，是指創業者為了將某種創意轉化為商業現實，根據未來新創企業經營策略與發展需要，通過科學的預測和決策，採用一定的方式，從一定的渠道向投資者或債權人籌集資金，組織創業啟動資本的一種經濟行為。創業融資是為了解決企業成立前後的創業啟動資金問題，是創業者最重要的一次融資。

創業早期需要籌集較多資本，用以支持創辦企業的成立、營運。許多創業者缺少融資的經驗，不瞭解融資的方式、渠道、各自的特點，往往造成企業的啟動資金籌備不足，因此，創業者在籌集資金時，應根據自身情況，選擇適合自身企業發展的融資方式和渠道。

二、創業融資的渠道

創業融資的主要渠道包括自我融資、親朋好友融資、天使投資、商業銀行貸款、擔保機構融資和政府創業扶持基金融資等。其中自我融資、向親朋好友融資、天使投資屬於私人資本融資渠道；商業銀行貸款、擔保機構融資、創業投資資金、政府提供扶持資金等屬於機構融資渠道。

（一）自我融資

雖然創業是具有高風險的經濟活動，但是創業者應將自有資金的大部分投入到企業創辦中。一方面，從新創企業的經營控制或資金成本角度來說，自有資金所占比例非常重要，關係著創業者對企業的經營控制權限；另一方面，在引入外部資金尤其是銀行貸款、私人投資者以及風險投資家的資金的時候，通常需要擁有個人資本。

創業者投入自有資金，對個人而言，個人才能和資金在創業活動中可以充分發揮其作用，企業創辦成功后，可以掌握更多的股份；對其他投資者而言，創業者充分展示對自身企業的信心，是全心全意的實幹家，創業者會謹慎使用每一筆資金，增加投資者對創業者的信任感，增加投資者對其創業企業投資的可能性。

自我融資雖然是融資的一種渠道，但它不是根本性的解決方案，在創業企業發展的不同階段，需要不同的融資渠道。

（二）親朋好友融資

新創企業早期需要的資金量少且具有高度的不確定性，對銀行等金融機構缺乏吸引力，這使得親朋好友融資成為創業者此時可選的主要融資渠道之一。家庭或朋友除直接提供資金外，更多的是為貸款提供擔保。家庭或朋友的特殊關係使得這一融資渠道有效克服了信息不對稱問題。但家庭或朋友這一裙帶關係的存在，使得這一融資渠道很容易發生糾紛。因此，應將家庭或朋友提供的資金與其他投資者提供的資金同等對待。

（三）天使投資

天使投資起源於紐約百老匯，是自由投資者或非正式機構對有創意的創業項目或小型初創企業進行的一次性前期投資，是一種非組織化的創業投資渠道。天使投資直接向企業進行權益投資，不僅提供現金，還提供專業知識和社會資源方面的支持。天使投資程序簡單，短時期內資金就可到位。

天使投資雖是風險投資的一種，但兩者有著較大差別。其一，天使投資是一種非組織化的創業投資形式，其資金來源大多是民間資本，而非專業的風險投資商。其二，天使投資的門檻較低，有時即便是一個創業構思，只要有發展潛力，就能獲得資金，而風險投資一般對這些尚未誕生或嗷嗷待哺的「嬰兒」興趣不大。對剛剛起步的創業者來說，既吃不了銀行貸款的「大米飯」，又沾不了風險投資「維生素」

第五章　創業資源整合

的光，在這種情況下，只能靠天使投資的「嬰兒奶粉」來吸收營養並茁壯成長。

（四）商業銀行貸款

銀行貸款對創業者來說往往是首選的外源融資渠道。目前，銀行貸款主要有以下四種：一是抵押貸款，這是一種向銀行提供一定的財產作為貸款的保證的貸款方式。二是信用貸款，指銀行僅憑對借款人資信的信任而發放的貸款，借款人無須向銀行提供抵押物。三是擔保貸款，指以擔保人的信用為擔保而發放的貸款。這其中，政府對創業者融資有一項專門的政策，即小額擔保貸款，扶持範圍包括：城鎮登記失業人員、大中專畢業生、軍隊退役人員、軍人家屬、殘疾人、低保人員、外出務工返鄉創業人員。對符合條件的人員，每人最高貸款額度為 5 萬元，對微利項目增加的利息由中央財政全額負擔。大學生和科技人員在高新技術領域實現自主創業的，每人最高貸款額度為 10 萬元。四是貼現貸款，指借款人在急需資金時，以未到期的票據向銀行申請貼現而融通資金的貸款。

（五）擔保機構融資

從 20 世紀 20 年代起，許多國家為了支持本國中小企業的發展，先後成立了為中小企業提供融資擔保的信用機構。目前，全世界已有 48% 的國家和地區建立了中小企業信用擔保體系，其主要目的在於解決銀行貸款難的問題。中國近年來在這一方面也做出了許多有益的嘗試，建立了一批信用擔保機構，為創業企業提供了資金融通的渠道。截至 2006 年年底，全國共有各類中小企業信用擔保機構 3,366 家，累計擔保戶數 38 萬戶，累計擔保總額 7,843 億元。受保企業新增銷售額 4,716 億元、利稅 401 億元，為 213 萬人創造了新的就業機會。

（六）風險投資

風險投資起源於 15 世紀的英國、葡萄牙和西班牙。它是一種股權投資，採取由職業金融家群體募集社會資金，形成風險創業投資基金，再由專家管理投入到新興的、迅速發展的、有巨大競爭潛力的風險企業中的方式進行運作。

由投資專家管理、投向年輕但有廣闊發展前景並處於快速成長中的企業的資本被稱為風險資金或風險基金，而風險投資基金的管理者，即風險投資的直接參與者和實際操作者被稱為風險投資機構，他們直接承受風險並分享收益。風險投資是一項沒有擔保的投資，高風險與高收益並存。一般投資週期較長，為 3～7 年。風險投資是投資與管理的結合，是金融與科技的結合，主要投向科技型中小企業。

（七）政府創業扶持基金

在國家提出建設創新型社會的經濟發展理念的引導下，中國已出抬若干政策鼓勵創業，設立了科技型中小企業技術創新基金。各地設立了若干「孵化器」，提供融資。各地政府也根據地方經濟發展特點和需要相繼出抬了各種各樣的政府創業扶持基金政策，其內容多變，形式多樣，包含了從稅收優惠到資金扶持、從特殊立項到特殊人群的各種創業基金。如近年來為解決大學生就業難這一問題、鼓勵大學生自主創業，設立了大學生創業基金，為有創業夢想但缺乏資金的大學生提供啟動資

金，以最低的融資成本滿足大學生創業者的最大資金需求。

當前，大學生創業基金已成為圓夢創業的助跑器，為切實解決大學生創業資金問題起到了重要作用。而為了解決下崗職工自主創業資金難的問題，通過建立創業示範基地實施一系列優惠政策，有效扶持了下崗職工的自主創業。深圳特區則採取了貸款貼息、無償資助、資本金（股本金）投入等方式向科技創新企業提供資金，推動企業創新，加速企業創業發展的步伐。無疑，政府扶持基金這一融資渠道表現出了融資成本較低的顯著特點。

除了以上七種常見創業融資渠道外，典當融資、設備融資租賃、孵化器融資、集群融資、供應鏈融資等渠道也是創業企業可以利用的融資渠道。

【案例分析】

阿里巴巴融資的過程

第一階段：自我融資。

1999年，馬雲和他的創業團隊集資50萬元成立阿里巴巴。阿里巴巴成立初期，公司小得不能再小，18個創業者往往身兼數職。

第二階段：天使投資。

阿里巴巴有一定名氣後也很快面臨資金的瓶頸，這時以高盛為主的一批投資銀行向阿里巴巴投資了500萬美元。

第三階段：風險投資。

1999年秋，日本軟銀總裁孫正義決定給阿里巴巴投資3,000萬美元，最終馬雲確定了2,000萬美元的軟銀投資，幫助其度過寒冬。

2004年2月17日，馬雲在北京宣布，阿里巴巴再獲8,200萬美元的巨額戰略投資。這筆投資是當時國內互聯網金額最大的一筆私募投資。

2005年8月，雅虎、軟銀再向阿里巴巴投資數億美元。之後，阿里巴巴創辦淘寶網，創辦支付寶，收購雅虎中國，創辦阿里軟件。

第四階段：上市。

2007年11月6日，全球最大的B2B公司阿里巴巴在香港聯交所正式掛牌上市，正式登上全球資本市場舞臺。

阿里巴巴的上市，成為全球互聯網業第二大規模融資。在此次路演過程中，許多投資者表示，錯過了谷歌不想再錯過阿里巴巴。

分析：

（1）自我融資：有利於創業者控制企業並佔有企業絕大部分的股份，但資金往往是有限的，並且冒險性較大，一旦創業失敗，個人的多年積蓄將付之東流。

（2）天使投資：建立在一定信任基礎上，某種程度上跟親朋好友融資有些相似，但會有一些回報，投資金額少。

（3）風險投資：投資者擁有一部分股權，會造成經營壓力。

第五章　創業資源整合

（4）上市：股票增值，融資到一大筆低使用成本的資金（16.95億元）。而今年以12億美元回購了上市的所有流通股份，相當於免費使用這筆錢4年，而且孵化了旗下的一些子公司，比如淘寶、淘寶商城、支付寶，但上市之后財務和企業戰略都需要透明、公開。

三、創業融資的選擇策略

（一）創業融資前的準備

1. 建立個人信用

個人信用是創業者擁有的一項高價值的無形資產，也是創業者獲得投資者信任的關鍵軟資源。在當今社會，信用已經成為個人聲譽的重要考量內容。因此，創業者應該從現在起建立個人信用，著眼於未來長期聲譽的形成，為自己累積良好的信用記錄，為創業融資的成功奠定堅實的基礎。

2. 累積社會資本

社會資本作為創業資源中的關鍵資源之一，是確保創業者獲取其他資源的核心因素，而人際關係作為其關鍵的推進力量，具有較強的資源獲取的延展性。因此，創業融資前，需要創業者不斷累積豐富的人脈資源以形成強大的人際關係網路，從而突破個人資源有限的融資瓶頸，延伸出大量潛在的高價值、稀缺創業資源，為創業融資成功提供額外的保障。

3. 撰寫創業計劃

撰寫創業計劃具有兩大作用：其一，通過規劃未來的經營路線和設計相應的戰略來引導創業企業的經營活動；其二，吸引借款人和投資者。撰寫創業計劃的第二大作用表明在創業融資過程中，創業者必須編製出科學、有吸引力的創業計劃書並展示給投資者，以獲得投資者的青睞，從而籌措到創業資金開展后續創業活動。因此，要吸引投資者，創業計劃書要清晰闡述企業的使命、企業與行業的特徵、企業的目標，要充分展示企業的經營戰略、產品或服務的特性、市場行銷戰略、目標市場的選擇、市場需求量、廣告和促銷、市場規模和趨勢、地點、定價、分銷、競爭者分析等方面，要向投資者展示創業者與管理者的簡歷、公司的組織結構，要展示創業企業的財務資料，明確提出資金需要量和投資者的退出方式，以系統、翔實的創業計劃書向投資者證實項目的可行性，樹立投資者對項目成功的信心以確保融資成功。

4. 測算不同階段的資金需求量

由於創業融資具有顯著的階段性，因此，融資前需要準確測算不同階段的資金

需求量，以形成合理的資本結構，降低融資成本。這就要求創業者根據創業規劃，參考本行業的財務比率，再考慮各種合理假設，先計算出收入與成本費用，然後做出資本性支出預算與流動資金需求預測，最後做出資產負債表、利潤表和現金流量表的預測。對於初創企業，按季度的現金流預測和逐月的費用預算，是做好融資計劃、保證企業正常運轉的重要工作。而投資商也一定會根據企業的「燒錢」速度瞭解企業的資金需求量。財務預測需要說明收入確認的準則，特別是與境外投資者聯繫的時候，要注意各國會計準則的不同，這也是為什麼有經驗的投資者更注重現金流量預測而不是利潤表預測的原因。

(二) 創業融資渠道的選擇原則

1. 融資成本與融資收益相適應原則

不同融資渠道具有不同的融資成本，相對而言，自我融資的成本低於機構融資的成本，債務融資的成本低於股權融資的成本。對於創業融資渠道的選擇必須考慮不同融資渠道的成本與收益的合理匹配，爭取以最低的成本獲取所需資金。

2. 融資渠道與創業企業發展不同時期相適應原則

創業融資的顯著特點是階段性，這就意味著不同階段的創業融資需求顯著不同，而融資渠道的選擇應符合融資需求的特性，融資渠道的選擇也必然隨融資需求的變化而有所變化，表現出一定的階段性。因此，創業融資渠道的選擇應與創業企業發展的不同時期相匹配，以有效提供資金，推動創業企業的不斷提升。

3. 融資期限匹配原則

長期資金與短期資金由於占用時間不同，在使用成本上存在顯著差異。同時，由於長短期資金管理成本和面臨的風險也存在顯著差異，所以長期資金與短期資金的總資本成本也存在顯著差異。因此，為降低融資風險，保持科學的資本成本水平，融資理論強調融資與投資的期限匹配原則，即長期資金用於長期投資項目，如用於購置固定資產等可長期使用的資產，短期資金用於日常週轉和短期資金消耗。對創業企業而言，籌集創業不同階段所需資金也應遵循期限匹配原則：對於用於固定資產和永久性流動資產上的資金，採取中長期融資方式籌措；對於季節性、週期性和隨機因素造成企業經營活動變化所需的資金，則採取短期融資方式籌措，力求實現期限結構的科學匹配。

(三) 創業融資渠道選擇策略

根據成本與收益匹配原則、融資渠道與發展階段匹配原則及期限匹配原則，結合常見融資渠道的特點，我們認為應採取在創業企業生命週期不同階段分批注入資本的策略。創業企業在種子期，更多依賴於個人融資，大部分資金源自於創業者個人，而隨著創業企業進入成長期，機構融資渠道越來越多地被使用，特別是創業企業進入成熟期後，將大量地使用上市、發行債券等這樣的金融工具進行融資。創業融資渠道的選擇不是單一的行為，是綜合考慮不同階段特點和發展需求後的一種組合。

第五章　創業資源整合

【案例分析】

眾籌——新興的融資方式之一

互聯網分析師許單單這兩年風光無限，從分析師轉型成為知名創投平臺3W咖啡的創始人。3W咖啡採用的就是眾籌模式——向社會公眾進行資金募集，每個人10股，每股6,000元，相當於一個人6萬元。那時正是玩微博最火熱的時候，很快3W咖啡便匯集了一大幫知名投資人、創業者、企業高級管理人員，包括沈南鵬、徐小平、曾李青等數百位知名人士，股東陣容堪稱華麗，3W咖啡引爆了中國眾籌式創業的流行。幾乎每個城市都出現了眾籌式的3W咖啡。3W很快以創業咖啡為契機，將品牌延伸到了創業孵化器等領域。

3W的游戲規則很簡單，不是所有人都可以成為3W的股東，也就是說不是你有6萬元就可以參與投資，股東必須符合一定的條件。3W強調的是互聯網創業和投資圈的頂級圈子。而沒有人是會為了6萬元未來可以帶來的分紅來投資的，更多是3W給股東的價值回報在於圈子和人脈價值。試想如果投資人在3W中找到了一個好項目，那麼多少個6萬元都賺回來了。同樣，創業者花6萬元就可以認識大批同樣優秀的創業者和投資人，既有人脈價值，也有學習價值。很多頂級企業家和投資人的智慧不是區區6萬元可以買到的。

分析：會籍式的眾籌方式在中國2012年創業咖啡的熱潮中表現得淋漓盡致。會籍式的眾籌適合在同一個圈子的人共同出資做一件大家想做的事情。比如3W這樣開辦一個有固定場地的咖啡館方便進行交流。其實會籍式眾籌股權俱樂部在英國的M1NT Club也表現得淋漓盡致。M1NT在英國有很多明星股東會員，並且設立了諸多門檻，曾經拒絕過著名球星貝克漢姆，理由是當初小貝在皇馬踢球，常駐西班牙，不常駐英國，因此不符合條件。后來M1NT在中國上海開辦了俱樂部，也吸引了500個上海地區的富豪股東。

創業咖啡注定賺錢不易，但這和會籍式眾籌模式無關。實際上，完全可以用會籍式眾籌模式來開辦餐廳、酒吧、美容院等高端服務性場所。這是因為現在圈子文化盛行，加上目前很多服務場所的服務質量都不盡如人意——比如食品，可能用地溝油。通過眾籌方式吸引圈子中有資源和人脈的人投資，不僅是籌措資金，更重要的是鎖定了一批忠實客戶。而投資人也完全可以在不須經營的前提下擁有自己的會所、餐廳、美容院等，不僅可以賺錢，還可以在自己朋友面前擁有更高的社會地位。

【課堂活動】

同學們自由組合組建一支創業團隊，模擬做一個創業項目。在創業初期對該公司進行融資租賃，給大家15分鐘時間分析並列舉融資的方法途徑、流程介紹以及團隊選取該融資方式的優勢與劣勢，最后各團隊選出代表進行闡述，其余同學投票選取優秀團隊。

大學生創新創業指導

【課后思考實踐】

1. 簡述創業融資計劃書的主要內容。
2. 列舉自己認為有效的創業融資方法，並舉出實例一一闡述說明。

第四節 創業資源

一、人脈資源

在創業過程中，人脈資源是第一資源；有各種良好的人脈關係，你可方便地找到投資、找到技術與產品、找到渠道等各種創業機會。整合人脈資源是創業成功的基本條件。

關於人脈資源特性需要注意以下幾點：

（一）長期投資性

平時要注意人脈資源的累積，不要事到臨頭才去找人幫忙。在公司做業務也一樣，現在不是你的客戶，明天就可能成為你的客戶，因而你必須從現在開始就建立聯繫。人脈資源的形成需要很多時間和精力，

第五章　創業資源整合

這也是一種投資。

(二) 可維護性和可拓展性

人脈資源可以通過合作、交流、關心、幫助以及友情和親情等進行維護，並會不斷鞏固，當然如果不去維護就會變得疏遠，所以人脈資源需要經常維護，同時在維護中可以不斷地發展新的人脈關係。

(三) 有限性和隨機性

每個人一生中能認識多少人？包括老師、同學、親戚、同事、朋友、客戶等，一般不超過500人，而能夠真正幫助自己的一般不會超過50人，所以每個人的人脈資源都是有限的，你的發展同樣也會受到你的人脈資源的限制。同時，你所認識的可能沒有能力幫助你，有能力幫助你的你可能不認識，所以在客觀上就需要你不斷認識更多的人，但是每個人的能力又是有限的，又不可能認識所有那些潛在的幫助者。

(四) 輻射性

你的朋友幫不了你，但是你朋友的朋友可以幫你。

二、人才資源

蘋果公司的史蒂夫這樣說過：「剛創業時，最先錄用的10個人將決定公司成敗，而每一個人都是這家公司的1/10。如果10個人中有3個人不是那麼好，那你為什麼要讓你公司裡的30個人不夠好呢？小公司對於優秀人才的依賴要比大公司大得多。」

企業或事業唯一真正的資源是人，如何努力創造吸引人才的條件，為企業吸引和留住人才，利用「外腦」，整合人才資源以獲得長期持續發展的內在動力，已成為中小企業當前的一項十分迫切的任務。

目前，令一些中小企業的掌門人最頭痛的事情，不再是技術上的問題，也不再是企業賺多賺少的問題，而是中小企業人才資源短缺的問題。

因此，中小企業應根據自身發展，建立起一套人才資源規劃體系：

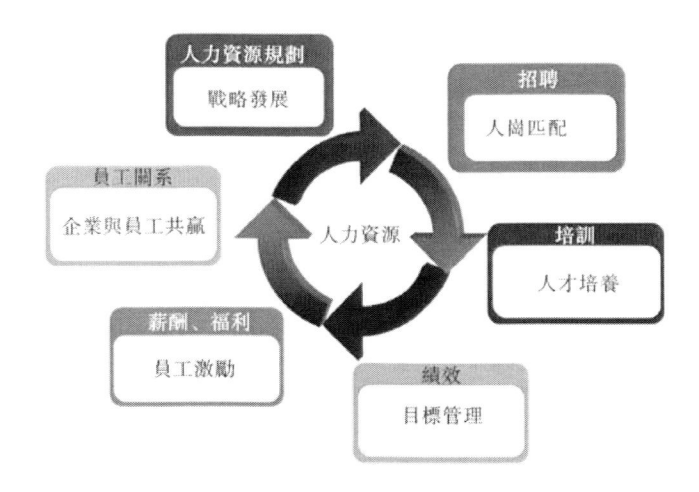

（一）建立起完善的激勵體系

用獎懲制度（包括精神上的和物質上的）去激發員工的潛能，讓員工的潛能發揮到極致。

（二）建立起培訓機制

培養人才，同時也讓人才在企業裡發揮其最大的潛能，為企業做出貢獻。

（三）善待員工

讓員工有一種家的感覺。善待員工，是留住人才的唯一法寶。這種善待，不光是指精神上給予人才的滿足，適當地也要配以物質利益。

（四）要量才而用

用人的長處，控制人的短處，不要為了節省開支而湊合。

（五）分工盡可能明確

可根據職務的重要與否讓人才適當地兼職。

（六）引入外部力量

現代企業的競爭，歸根究柢是人才的競爭。當前許多企業正處在發展變革的重要關頭，要想在激烈的市場競爭中取勝，就必須提升人力資源的價值。但要吸引、留住人才，也並非易事，必須在尊重人才的價值上下功夫。一是用好人才，按照人才的才能和特長，安排適當的領導崗位和技術職務，使人才有價值認可感、受信任感。二是給任務、壓擔子，讓人才攻堅克難，使人才有成就感。三是表彰、獎勵有重大貢獻的人才，使人才有光榮感。四是待遇從優，使人才有幸福感、滿足感。

三、信息資源

當今社會的飛速發展給創業者提出一個新的信息時代的視角，信息資源對很多創業者來說就是成功的機遇，而機遇瞬間即逝，要善於整合把握。

信息資源與人力、物力、財力以及自然資源一樣，都是創業企業的重要資源，因此，應該像管理整合其他資源那樣管理整合信息資源。

我們從工業化時代走向信息時代，隨著信息技術的發展，信息與日常生活、工作越來越密不可分，最直接的體現就是信息量陡然增大，信息傳播速度加快。但這也同時帶來了一個問題，就是信息爆炸。各種信息充斥在我們周圍，如何在最短的時間內獲得最有效的內、外部信息從而抓住成功創業的機遇卻往往成了一個難題。

（一）創業企業信息化具有前瞻性

創業企業信息化的最高層次是決策，它具有前瞻性。企業在做決策時，關心的問題是來自包括競爭對手、政府、行業、合作夥伴、客戶等在內的周邊環境的變化。在對變化進行預測、分析的基礎上做出盡可能合理的決策，這個層次上的企業信息化通常針對創業以及高層管理所遇到的問題。對創業者而言，信息是不對稱的，瞭解和分析包括競爭對手、政府、行業、合作夥伴、客戶等在內的周邊環境的變化信

第五章　創業資源整合

息，我們才能做到「知己知彼，百戰不殆」，才能做到有的放矢，集中精力、財力、人力抓住轉瞬即逝的成功機遇。

（二）信息資源整合包含管理的內涵

既要整合管理好企業外部的資源，抓住企業的發展機遇，又要整合管理好企業內部的信息資源，進行信息資源的規劃。

信息資源規劃是指通過建立全企業的信息資源管理基礎標準，根據需求分析建立集成化信息系統的功能模型、數據模型和系統體系結構模型，然後再實施通信計算機網路工程、數據庫工程和應用軟件工程的一個系統化的企業信息化解決方案，其目的是使企業高質量、高效率地建立高水平的現代信息網路，實現信息化建設的跨越式發展。

信息收集及整理術循環圖

四、技術資源

創業技術是創業期間關鍵資源之一，它是決定所需創業資本的大小、創業產品的市場競爭力和獲利能力的根本因素。創業企業成功的關鍵是首先尋找成功的創業技術。其原因有三：

（1）創業技術是決定創業產品的市場競爭力和獲利能力的根本因素。

（2）創業技術核心與否決定了所需創業資本的大小。對於在技術上非根本創新的創業企業來說，創業資本只要保持較小的規模便可維持企業的正常營運。

（3）從創業階段來說，由於企業規模較小，因此管理及對人才的需求度不像成長期那樣高，創業者的企業家意識和素質是創業階段最關鍵的創業人才資源和創業管理資源。

一些看起來很有市場前景的商機，如果沒有擁有或者控制核心技術就貿然進入，必然會很快遭受重創。

【案例】

思邁的命運

北京師範大學國際貿易專業的學生胡騰和 7 位同學籌資 12 萬元，於 2003 年 8 月 27 日，正式註冊成立了思邁人才顧問有限公司，並親任總經理，建立了專業的人才網站——思邁人才網。他們公司的主旨是為企業和個人提供人才評估、諮詢、培訓、交流、獵頭、人事代理等服務，為高校畢業生就業開通「綠色通道」，提供求職培訓、素質測評、推薦安置工作等服務。這看起來很有市場前景，但該團隊中沒

有一個人擁有評估、諮詢、培訓、獵頭以及人事代理的核心技術甚至營運經驗；而開業之初，由於人才網絡、企業網路沒有運作起來，各種服務項目沒法開展。於是，胡騰決定從最基礎的為大學生找家教和其他兼職做起，這也不是他們所擅長的。2003年12月，在公司創立僅僅3個月的時間裡，公司淨虧7.8萬元。他以1元錢價格把思邁轉賣給了一個博士生。

我們思考一下，思邁的命運為什麼會這樣？

五、資產資源

創業離不開資本的支持，在整合資產資源的同時要考慮資本會為企業帶來什麼其他資源——比如政府背景、行業背景、市場影響力、行銷支撐等。

整合資產資源，不僅僅是解決「錢」的問題，更重要的是看戰略投資者還能為企業帶來什麼其他資源，即整合資產資源時要充分考慮資產資源能否帶來更多的其他資源。但最為關鍵的是，選擇的戰略投資者要與企業當前階段的發展目標相吻合。

如何整合資產資源引進外來資本呢？

（1）要對準備引入的資產資源有整體的瞭解。在初步確定投資意向之後，創業企業就可以根據實際情況，在眾多的意向投資者中選擇鐘情目標。在接觸之前，要認真瞭解投資者的基本情況，如資質情況、業績情況、提供的增值服務情況等。

（2）在與投資者接觸面談前，企業自身應準備好必要的文件資料。雙方談判將會一直圍繞企業的發展前景、新項目的想像空間、經營計劃和如何控制風險等重點問題進行。

（3）在簽訂的合同書中，創業企業和投資人雙方必須明確兩個基本問題：一是雙方的出資數額與股份分配，其中包括對投資企業的技術開發設想和最初研究成果的股份評定；二是創建企業的人員構成和雙方各自擔任的職務。

六、行業資源

要充分瞭解某行業，掌握該行業關係網，比如業內競爭對手、供貨商、經銷商、客戶、行業管理部門等。行業資源並非只有這些，科研機構、行業協會、行業雜誌、行業展會、業內研討會、專業書籍等等資源，都需要創業者平時加以關注，發掘其價值從而為企業成長服務。

為使創業成功，就要做自己熟悉的行業，熟悉本行業企業營運、熟悉競爭對手。

【案例分析】

昂立的發展

上海交大昂立股份有限公司是集現代生物和醫藥製品研製、生產、行銷於一體的高科技股份制企業，2001年7月公司成為國內保健品行業第一家上市公司。上市

第五章　創業資源整合

使公司打通了資本渠道，迅速擴大企業的規模，實現產業的多元化經營，成功組建產業群。

從 1990 年的幾十名員工、36 萬元資本起家的校辦企業，到註冊資本 1.5 億元、連續 3 年居全國保健品市場銷量榜首的行業巨人，昂立的業績令人矚目。

分析：昂立發展的一個轉折點在於跟業內的三株合作，整合行業內資源。這一決策幫助昂立走出了困境，促成昂立成長。當時，昂立的習慣是給他們多少，三株就銷售多少。但三株提出的一個觀點完全倒了過來：你負責科研、生產，我負責銷售，我們定的銷售價雙方各賺一半。這樣一來，昂立受不了，因為以前採用的定價法不是市場定價，而是成本加利潤；而三株卻是市場定價。這是昂立的一次轉折。所幸昂立判斷正確。這樣，一步一步地，昂立把三株新的行銷思路引進來，在跟三株的合作中開始轉變，由不懂到懂。

此后的 1992 年，昂立成立了天王公司，根據從三株學來的行銷思路，重點抓銷售，以己為主來實施昂立的產品行銷。1992 年銷售額才 400 多萬元，而 1993 年就達到了 7,000 多萬元。市場是牛鼻子，市場是企業的生命線。所以 1992—1993 年由產品到市場的轉變是一個非常重要的步驟。這正是充分有效整合行業資源的典型個案。

啟示：企業要想發展、壯大，就應該盡可能整合各種資源、採取各種合法手段積極務實地做好自己的這份事業。上海交大昂立股份有限公司這個案例告訴了我們整合行業內競爭對手資源的重要性。「把競爭對手轉變為合作夥伴」，市場競爭沒有永遠的對手，也沒有永遠的夥伴，更沒有敵人。凡以為有敵人的競爭者，大多是競爭中的失敗者。創業企業不可避免地存在諸多方面的不足。因此，同行之間或者產業上、下游之間的創業企業應通過策略聯盟或股權置換等種種方式整合資源，使人力資源、研發能力、市場渠道、客戶資源等方面實現優勢互補，對內相互支持，對外協同競爭。這種方式往往是幾家創業企業作為核心，同時帶動一批創業企業，形成利益共同體。

七、政府資源

掌握並充分整合創業的政府資源、享受政府扶持政策，可使創業少走許多彎路，達到事半功倍之效。創業的扶持政策主要包括財政政策、稅收政策、科技政策、產業政策、金融政策、人才政策等。政府資源對創業者而言是不可多得的成功創業的助推器。政府資源即是各項優惠扶持政策，包括：

(一) 財政扶持政策

中央財政預算設立了中小企業科目，安排扶持中小企業發展專項資金；地方政府根據實際情況為中小企業提供財政支持。

(二) 融資政策

人民銀行加強信貸政策指導，改善中小企業融資環境；鼓勵商業銀行調整信貸

結構，加大對中小企業的信貸支持。各商業銀行在其業務範圍內提高對中小企業的融資比例，擴展服務領域。國家政策性金融機構採取多種形式為中小企業提供金融服務。縣級以上人民政府和有關部門推進和組織建立中小企業信用擔保體系，推動中小企業的信用擔保。

（三）稅收政策

國務院和省級人民政府對符合下列條件之一的中小企業，在一定期限內給予稅收優惠：一是由失業人員開辦，初期經營困難的；二是吸納社會再就業人員比例較高的；三是設立在少數民族地區、邊遠地區和貧困地區的；四是從事高科技產品的研究開發的；五是從事資源綜合利用和環保產業的；六是國家產業政策規定需要扶持的。

（四）科技政策

國家制定政策鼓勵中小企業按照市場需要，開發新產品，採用先進的技術、生產工藝和設備，提高產品質量。國家實施了一系列科技計劃，包括科技攻關計劃、星火計劃、重點新產品計劃、「863」計劃、科技型中小企業技術創新基金。

（五）產業政策

對中國境內新辦軟件生產企業、集成電路設計企業和生產線寬小於 0.8 微米（含 0.8 微米）的集成電路生產企業，經認定後，自開始獲利年度起，第一年和第二年免徵企業所得稅，第三年到第五年減半徵收企業所得稅。

（六）仲介服務政策

政府有關部門在規劃、用地、財政等方面提供政策支持，推進建立各類技術服務機構，建立生產力促進中心和科技企業孵化基地。國家鼓勵社會各方面力量建立和健全培訓、信息、諮詢、人才交流、信用擔保、市場開拓等服務體系。

（七）創業扶持政策

在城鄉建設規劃中合理安排必要的場地和設施，支持創辦中小企業；地方政府應為創業人員提供工商、財稅、融資、勞動用工、社會保障等方面的政策諮詢和信息服務；國家鼓勵引進國外資金、先進技術和管理經驗，創辦中外合資（合作）企業；鼓勵依法以工業產權或者非專利技術等投資參與創辦中小企業。為促進中小企業發展，科技部及地方政府大力發展科技創業服務中心即企業孵化器，政府有關部門為創業提供全方位的服務，並實行優惠政策鼓勵其為中小企業提供良好的創業服務。

（八）對外經濟技術合作與交流政策

政府有關部門和機構為中小企業提供指導和幫助，促進中小企業產品出口。國家制定政策，鼓勵符合條件的中小企業到境外投資，開拓國際市場。國家有關政策性金融機構應當通過開展進出口信貸、出口信用保險等業務，支持中小企業開拓國外市場。

第五章　創業資源整合

（九）政府採購政策

政府採購應優先安排向中小企業購買商品或者服務。政府是最大的消費者，各級政府每年要採購大量的商品和服務，要注意政府採購信息，向當地政府採購管理機構瞭解政府採購如何向中小企業傾斜。瞭解政府扶持政策、整合政府資源的方式途徑：

1. 上政府公網查詢

定期到政府公共服務網瀏覽檢索，看看是否有新政策出抬或者項目申報通知。

2. 委託政策服務公司提供政策諮詢

政策服務公司比較關注政策變化，與政府有關部門關係密切，不僅瞭解政策，而且知道如何幫助創業者享受政策。

3. 注意與有關部門保持密切的溝通

每一家企業都要與一些政府部門打交道，你也不例外，要注意配合你經常打交道的政府部門的工作，並注意定期向這些部門諮詢政策。與政府部門保持密切的關係，你可以用足用好政府政策，尋求更快的發展。

4. 指定專人負責有關政策信息的收集

要讓每位員工瞭解並注意收集與其工作有關的政策信息，及時跟蹤政策的變化。特別是在有疑問時，一定要諮詢清楚，並及時解決，千萬不要把今天的問題留到明天。

【案例分析】

借力修天橋

國際商場是天津市第一家上市公司，鄰南京路，這是一條十分繁忙的主幹道，對面就是繁華的商業街。在國際商場開業時，門口並沒有過街天橋，行人穿越南京路很不方便也不安全。應該修天橋！估計經過那裡的人都會產生這樣的想法，但政府一直沒有行動。

有一天，一個年輕人沒有認為這是政府該干的事情。他找到政府商量，提出用自己的錢修天橋，但政府要允許他在天橋上掛廣告牌。

不花錢還讓老百姓高興，政府覺得不錯，就同意了。這個年輕人拿到政府批文，立即想到找可口可樂那樣的大公司洽談廣告業務。

在這樣繁華的街道上立廣告牌，這是大公司求之不得的事情。很快，這個年輕人從大公司那裡拿到廣告的定金。他用這筆錢修建了天橋還略有剩餘。天橋修建好了，廣告也掛上了，年輕人從大公司那裡拿到余款，獲得了第一桶金。

分析：充分利用已有的資源，合理配置，是成功的關鍵。

1. 善用資源整合技巧

創業總是和創新、創造及創富聯繫在一起的。一位創業者結合自身創業經歷提出了這樣的觀點：缺少資金、設備、雇員等資源，實際上是一個巨大的優勢。因為

這會迫使創業者把有限的資源集中於銷售，進而為企業帶來現金。為了確保公司持續發展，創業者在每個階段都要問自己：怎樣才能用有限的資源獲得更多的價值創造？

2. 發揮資源槓桿效應

儘管存在資源約束，但創業者並不會被當前控制或支配的資源所限制，成功的創業者善於利用關鍵資源的槓桿效應，利用他人或者別的企業的資源來完成自己創業的目的：用一種資源補足另一種資源，產生更高的複合價值；或者利用一種資源撬動和獲得其他資源。其實，大公司也不只是一味地累積資源，他們更擅長於資源互換，進行資源結構更新和調整，累積戰略資源，這是創業者需要學習的經驗。

3. 設置合理利益機制

資源通常與利益相關，創業者之所以能夠從家庭成員那裡獲得支持，就因為家庭成員之間不僅是利益相關者，更是利益整體。既然資源與利益相關，創業者在整合資源時，就一定要設計好有助於資源整合的利益機制，借助利益機制把包括潛在的和非直接的資源提供者整合起來，借力發展。因此，整合資源需要關注有利關係的組織或個人，要盡可能多地找到利益相關者。同時，分析清楚這些組織或個體和自己以及自己想做的事情的利益關係，利益關係越強、越直接，整合到資源的可能性就越大，這是資源整合的基本前提。

【課堂活動】

討論一下俞敏洪創辦新東方時具備哪些資源。

【課后思考實踐】

1. 根據自己的實際情況，畫出人脈圖，並思考如何擴大自己的人脈圈。
2. 如何獲得技術資源？
3. 實現「空手套白狼」與資源整合的關鍵要點是什麼？

第六章　如何成功創辦企業

　　任何一個企業的成功在很大程度上都取決於創業者個人性格、技能水平和經濟能力。大學生創業是人生一個重大選擇，無論為了實現自我價值，還是為了就業生存、融入社會、選擇創業都會面臨挑戰，無論是來自於自身的壓力，還是來自於外部的壓力，你都必須直面它們並且解決它們。創業對大學生來說是一種挑戰，也是一種機遇。在創辦企業之前，我們必須認真瞭解創辦企業的基本條件，認真審視自己相關個人素質，確定自己是否適合創業、瞭解相關創業機會及創業途徑。

通過本章的學習，你將能夠：
1. 瞭解創辦企業將會面臨的挑戰；
2. 認識創業面臨的外部壓力和風險；
3. 瞭解與企業相關的法律。

● 第一節　成功創業的準備

一、創辦企業面臨的挑戰

（一）創業資金的籌集

　　創業需要解決的第一個困難，就是企業開辦初期的營運資金。如果沒有資金，一切都無從談起。資金可以通過各種渠道籌集，你需要想盡一切辦法去和朋友、家人借錢，或者到銀行借貸。營運資金越多越好。這是因為經營啟動后可能會遇到資

金週轉困難的情況。特別是剛出象牙塔的大學生，這種可能性更大，而邊經營邊籌集資金的能力，又遠不如已經有一定根基的商人。如果營運資金不到位，就可能因一筆微不足道的資金，弄垮剛剛起步的事業。因此，在準備創業初期，我們應該充分瞭解相關貸款知識，準備相關貸款材料，使自己具備貸款條件。

通常貸款要具備三個方面的條件：一是有不動產做抵押；二是項目要有吸引力；三是與銀行保持良好的關係。如果你有不動產如房子、汽車等做抵押，貸款就會容易得多，不過即使沒有不動產做抵押，也不是絕對貸不到款，項目的投資前景和效益是影響貸款決策的首要因素。銀行要對貸款項目進行技術、經濟等方面的可行性論證。

(二) 需要學習企業的管理

管理是管理者運用其擁有和支配的人力、物力、財力、技術、信息等各種資源，對管理對象進行一系列有組織、有計劃的實踐活動，以達到預期目的的過程。企業管理就是對企業的生產經營活動進行計劃、組織、指揮、協調和控制，使企業適合外部環境變化，充分利用各種資源，實現企業經營目標的一系列工作。

只有全面、系統學習了管理知識，提高自己的領導力、溝通力、執行力，才能更好地降低風險。任何一個人要想創業成功，都必須具備紮實的企業管理知識。

一些大學生創業者雖然技術出類拔萃，但理財、行銷、溝通、管理方面的能力普遍不足。要想創業成功，大學生創業者必須技術、經營兩手抓，可從合夥創業、

第六章　如何成功創辦企業

家庭創業或從虛擬店鋪開始，鍛煉創業能力，也可以聘用職業經理人負責企業的日常運作。

創業失敗者，基本上都是管理方面出了問題，其中包括：決策隨意、信息不通、理念不清、患得患失、用人不當、忽視創新、急功近利、盲目跟風、意志薄弱；等等。特別是大學生知識單一、經驗不足、資金實力和心理素質明顯不足，更會增加在管理上的風險。

（三）專業技能的掌握

> 通宵達旦

很多大學生創業者眼高手低，當創業計劃轉變為實際操作時，才發現自己根本不具備解決問題的能力，這樣的創業無異於紙上談兵。一方面，大學生應去企業打工或實習，累積相關的管理和行銷經驗；另一方面，積極參加創業培訓，累積創業知識，接受專業指導，提高創業成功率。

必須努力掌握自己所選的創業項目的專業技能，成為「專家」。作為一個企業的領導者，你必須熟悉整個公司營運所涉及的相關專業知識以及專業技能，只有在具備充分的專業知識基礎上，才能客觀準確地對公司即將面臨的困難和已經面臨的困難提出相應的預防措施和解決辦法。

(四) 工作的巨大壓力

> 晚上關上燈，眼淚止不住

任何一個企業在開辦初期，都會經歷非常困難的過渡期。在這個時期，員工以及領導必須夜以繼日地工作，解決企業面臨的各種問題，承受企業面臨的各種壓力。

第六章　如何成功創辦企業

(五) 缺乏社會經驗

缺乏社會經驗是剛畢業的大學生所面臨的普遍問題，對社會的認知能力和學習能力還比較弱，不能夠做好各方面的協調工作，對於公司的運轉和營運沒有實際的社會操作經驗，對很多事情往往存在著「擔心」「害怕」「邁不開步子」等種種困擾。這個時候應該學會突破自我，大膽地去嘗試，去積極協調組織、合作企業和顧客的關係，提高自己的公關能力、適應能力以及談判能力。

（六）各種創業心理打擊

要承受對自信心的打擊。創業過程中，你可能會受到多方面的打擊、拒絕，甚至面對失敗等各種境遇，能否恢復信心、保持樂觀是在創業中能否成長的關鍵。

（七）創業有一定的風險

在遠古時期，以捕撈為生的漁民們，每次出海前都要祈禱，其中主要的祈禱內容就是讓神靈保佑自己在出海時能夠風平浪靜、滿載而歸；他們在長期的捕撈實踐中，深深體會到「風」給他們帶來的無法預測和無法確定的危險，他們認識到，在出海捕撈打魚的生活中，「風」即意味著「險」。

按照風險影響的範圍分類，風險可以分為系統風險和非系統風險。系統風險是

第六章　如何成功創辦企業

源於創業者或創業企業之外的由創業環境變化帶來的風險，如自然災害、經濟衰退、通貨膨脹、戰爭等。創業者或者創業企業無法對其進行控制或施加影響，因此，也稱為不可分散風險。它對所有企業均有影響。非系統風險是創業者或創業企業本身的商業活動或財務活動引發的風險，如團隊風險、技術風險和財務風險。非系統風險可以通過一定的手段進行預防和分散。

做任何一件事，都存在風險。經濟學上，存在「高風險、高利潤」的現象。同理，創業也具備一定的風險，甚至你自身素質、所選行業不當，也會增加創業失敗風險。風險是必然的，我們必須學會識別風險並規避風險。

【案例分析】

案例1：魏先生欲在醫院設立大屏幕藥品廣告播放系統，合作醫院已經找到，藥品生產廠家也十分願意投放產品廣告，正在緊鑼密鼓地實施過程中，遭遇了相關執法部門的制止。

分析：不熟悉新修訂的《中華人民共和國藥品管理法》，是該項目失敗的直接原因。該法第六十條規定藥品廣告須經企業所在地省、自治區、直轄市人民政府藥品監督管理部門批准，並發給藥品廣告批准文號；未取得藥品廣告批准文號的，不得發布。

規避辦法：不管從事哪一行業，都必須先瞭解相關的法律、法規和政策，這是項目可行性分析首先要研究的問題，如果遭禁，只有另行選項。

案例2：張先生與開發出計算機遠程控制全色護欄燈的朋友合作，註冊了一家公司，擬進行產品的推廣。剛剛做出樣機，就有客戶找上門來，看到計算機模擬演示效果後，便簽訂了一個很大的工程訂單，由於工期較緊，便直接開始大批量生產，投入工程安裝。但由於抗干擾性能不過關，以致客戶退貨，造成了巨大的經濟損失。

分析：沒有進行充分的產品可靠性試驗，尤其是缺乏模擬現場工況的試驗，是該項目失敗的主要原因。

規避辦法：凡是在創業選項中選擇新發明、應用新技術或投資於高科技新產品的時候，產品的可靠性、技術的成熟度是必須進行重點考核的可行性指標；在產品投入市場之前必須進行產品質量的相關測試，做出產品質量檢測報告，如有條件應提供給部分客戶使用，製作客戶使用報告，使客戶的使用情況全面、客觀地反應出來，使我們能夠正確地做出是否可以投入市場的決定，有效地規避貿然進入市場的經濟風險和信用風險。

案例3：金先生某次出差去深圳，看到深圳很多鬧市區的路邊正在立一些停車計費咪表，於是投入資金，研製停車計費咪表。雖然他很快研製出號稱當代最先進的車載式咪表，但是公司卻因為沒有訂單而長期虧損，兩年後倒閉。

111

分析：路邊停車收費，不符合中國國情。於是，咪表計費行業便成為陷阱行業。僅深圳先后就有 70 余家咪表研製企業先后倒閉，成為闖入陷阱行業的犧牲者。

規避方法：不管進入哪一行業進行創業，都必須對該行業的未來發展趨勢做出正確判斷，如果把握不準，寧肯不進入。

二、創業面臨的外部壓力和風險

（一）帶領的團隊合作不夠

團隊合作指的是一群有能力、有信念的人在特定的團隊中，為了一個共同的目標相互支持、合作奮鬥的過程。它可以調動團隊成員的所有資源和才智，並且會自動消除所有不和諧和不公正現象，同時會給予那些誠心、大公無私的奉獻者適當的回報。如果團隊合作是出於自覺自願的，那麼它必將產生一股強大而且持久的力量。

李嘉誠曾說過，「創業合作必須有三大前提：一是雙方有可以合作的利益；二是有可以合作的意願；三是雙方有共享共榮的打算。」「人」的結構就是相互支撐，「眾」人的事業需要每個人的參與。一臺機器通常是做不出產品的，單獨的一個零部件更發揮不了作用，只有組合才能使各個組成部分的作用得到充分發揮。通過團隊成員中的技能互補可提高駕馭環境不確定性的能力，從而降低新創企業的經營失敗風險。對於一個創業初期的企業，團隊合作更是尤為重要。

（二）對市場變化沒有辦法應對

市場是千變萬化的，大多數創業者因為經驗不足和缺乏技巧，無法根據市場的

第六章　如何成功創辦企業

變化調整促銷的手段、服務措施以及商品陳列，導致失去顧客。市場就像一條道路，是曲折蜿蜒的；企業則像一輛汽車，如果汽車不能跟隨道路的發展走向及時改變方向，而是一直朝著一個方向前行的話，將慢慢遠離市場。這個道理很淺顯，但是很多企業往往在所謂「戰略堅持」中遠離了道路，遠離了市場，也遠離了消費者。因此創業者要即時關注市場的變化，根據自身企業發展的實際情況來改變相關戰略目標，這樣才能很好地適應市場的變化。

(三) 企業倒閉風險

企業經營不可能一帆風順，需要時刻準備應對企業失敗風險和承擔所有責任，風險在所難免，要時刻警惕、查漏補缺，即使企業失敗也別洩氣，因為失敗可以帶給你更多的經驗和教訓，這些是人生成長中很寶貴的課程，你需要從中吸取更多的經驗去提高自己今后面對風險的能力。

(四) 來自對手的挑戰

市場上激烈的競爭是無法避免的，你需要學習、尊重並戰勝你的對手，贏得更

大的市場空間。一個優秀的企業家應該學會如何在競爭中合作、在合作中競爭。

（五）意外災害

你要採取應對措施，防止一些災害給企業帶來的損失。這些意外災害是不能避免的，但是你可以採取一些有效的應對措施，把企業的損失降到一個最低的水平，這樣你才是一個出色的有能力的企業經營者。

【案例分析】

Pingjam 是一個為 Android 環境下 App 程序員設計的賺錢方案。

自從這款產品發布之後，6 個月內，超過 6,500 個 App 都整合了它的 SDK。用戶月增長率達 1.60%，年營業收入超過 50 萬元，但是公司的發展恰恰就卡在這個階段了。它沒有引進更多的外部投資，當時還有一個月，就進入了「萊曼盈利時間框架」中。（萊曼盈利：指的是非一般意義上的企業盈利，而是企業所實現的營業收入恰恰覆蓋創始人的日常開銷，主要指時間被浪費掉了，但是企業並未實現可觀的增長）

到了當年 11 月 1 日，噩耗降臨。Google Play 將超過 1,000 家與 Pingjam 有過合作的 App 從 App 商店裡剔除出去了。事實上，該公司在產品開發階段都在持續不斷的跟 Google 的程序員、銷售團隊、行銷人員、技術人員保持聯繫，確信完全遵守 Google Play 商店的各種條款政策。產品的最終用戶協議（EULA）還是 Google 一位高級雇員所寫的。甚至就在 Google 決定干掉 App 的那一天，App 商家還在 Google 底下的一個孵化器場所接受他們的招待宴請。之後，Google 甚至給 App 商家剩下的程序員說：除非他們現在就終止跟 App 商家的合作，否則這些程序員所開發的其他 App 也會被封掉。他們甚至把那些曾經考慮跟 App 商家合作，到最后合作沒達成的 App 也封了 3 個月的時間。

分析：很多人做事是有計劃沒有遠見，有個東西不是我們洞察萬物就能一一攻破的，它就是「未知」，市場到底會在什麼時候動盪、會在什麼時候穩定是我們不能預知和改變的。

影響企業壽命的這幾個事實在短期內不會消失，它們將在越來越大的程度上決定你的公司是否會成功。當每次做出商業決定時，你都應該考慮這些方面的影響。

案例啟示：對於剛剛創立的公司來說，一個關鍵步驟是從一開始就設計一個彈性組織，也就是建立靈活性的管理模式來應對挑戰，建立一個面向未來的機制來分配責任，用網路將各崗位職能連接在一起來完成任務，並且注重人員配置和運作。

偉大的企業家和偉大的公司是那些會被這些問題激勵，而不是被這些問題打敗者。關鍵是你的能力和你的新企業創意是否足夠新穎並且能夠大膽地為未來的新型企業設置生存模式。

第六章 如何成功創辦企業

【課堂活動一】

活動內容：創業風險分析。

活動目的：正確識別創業過程中所面臨的挑戰和所要承擔的風險。

活動形式：分小組進行討論，由小組代表發言提出大學生創業即將面臨的挑戰和風險，最后請其他小組針對以上風險進行風險規避措施的制定，最后由老師對以上的發言進行總結評價。

【課堂活動二】

活動主題：團隊合作。

活動內容：裁判1人，解說1人。說明：如有20人，分為4組，每組5人，每組選一人做探險者，另4人做援助者。探險者站成一排，剩下的援助者正對各自的探險者5米（距離不定）站成一列。游戲開始，解說人說：「4位探險開始了他們艱辛的旅程，他們走到沙漠了，天氣非常炎熱，需要水！」各組援助者必須以最快速度跑過去將水送到探險者手中，由裁判統計分數，最快送到的記4分，往下依次記3分、2分、1分，最后分數高的組獲勝。游戲繼續，解說人可以臨場發揮設定探險者去到的地方和需要的東西。

活動意義：考核成員的反應速度和團隊合作情況。

【課后思考實踐】

1. 創業過程中，我們遇到了打擊該怎麼辦？
2. 請同學們談談，創業過程中我們可以採取哪些方式來舒緩壓力。
3. 請同學們談談團隊合作在創業中所起的作用。
4. 創業過程中會遇到哪些風險？

第二節　用法律保護企業

在當今社會我們扮演了很多種角色，而我們最基本的角色是一個普通的公民，依法辦事是公民和企業的責任。

在創辦企業之前，我們應該熟悉企業應該承擔的法律責任，掌握企業註冊、納稅以及勞動合同等具體內容，國家現在的政策越來越開放，也越來越利民，特別是針對大學生創業，不僅有很多優惠的政策還有一定經濟補助來鼓勵大家創業。

一、企業相關法律知識

要成功地開辦一個企業，瞭解相關的法律知識是必不可少的。與企業新辦直接

大學生創新創業指導

相關的法律主要有以下幾項：

法律名稱	相關基本內容
企業法	合同法、個人獨資企業法、合夥企業法、個體工商管理條例、中外合資合作企業法、鄉鎮企業法
民法通則	個體工商戶、農村承包經營戶、個人合夥、企業法人、聯營、代理、財產所有權、財產權、債權、知識產權、民事責任
合同法	一般合同的訂立、效力履行、變更和轉讓、權利義務終止、違約責任等
勞動法	促進就業、勞動合同和集體合同、工作時間和休息休假、工資、職業安全衛生、女職工和未成年特殊保護、職業培訓、社會保險和福利、勞動爭議、監督檢查等

企業其他相關的法律有：

會計法、稅法、產品質量法、消費者權益法、反不正當競爭法、保險法、環境保護法等。

在瞭解相關法律的基礎上，企業創辦者應該樹立守法經營觀念，要知道法律不僅對企業有約束力的一面，也給企業以法律保護。遵紀守法、誠信經營才能立足和持續發展，這樣的企業才會贏得市場。

二、工商行政登記以及企業納稅

註冊一家新辦的企業，主要有以下幾個步驟：

（1）諮詢領表；

（2）查詢名稱；

（3）申請表、章程等材料受理；

（4）領取執照；

（5）辦理稅務、法人、企業組織代碼登記。

在企業創辦、開始正常經營之後，企業作為一個合法納稅人就必須履行依法納稅義務。與企業相關的主要稅種有：增值稅、企業所得稅、個人所得稅、消費稅、關稅、城市維護建設費、教育費附加。企業創辦者應該熟悉並掌握如何計算企業應納稅額，並進行公司稅務籌劃以減少公司經營成本。

【案例分析】

長虹——APEX 貿易糾紛案評述

四川長虹集團（下稱長虹）與美國具有華人背景的 APEX Digital（下稱 APEX）的「貿易詐欺案」曝光后，2003 年 1 月 7 日，長虹發布公告稱，目前帳面上仍有 46,750 萬美元欠款未能收回。長虹第三季季報顯示，公司淨資產為 132.15 億元人民幣，這 4.6 億美元相當於淨資產的 30%還多。儘管 2003 年年底，長虹總部就專門

第六章　如何成功創辦企業

派出高層去美國與 APEX 和季龍粉就應收帳款問題進行交涉，但在未果的情況下，2004 年年初長虹又發了 3,000 多萬美元的貨給 APEX。其后長虹又多次邀請 APEX 董事局主席季龍粉面談解決但都被季以種種理由推掉。2004 年 12 月 14 日，長虹被迫在洛杉磯高等法院起訴 APEX。

分析：從法律角度來看，銷售合同最關鍵的法律風險就是付款。

規避方法：銷售方可以根據交易實際情況採取多種方式來控制對方不付款的法律風險，如簽署信用證、保留貨物所有權、寄售、價款擔保、保證、現金擔保、貨物自主回收權、中止履行、強制履行、有效的爭議解決手段等等。針對銷售活動所在國或地區的不同，中國企業應當與熟悉當地法律規定和實際做法的法律顧問緊密配合，在合同中做出相應規定，將法律風險防患於未然。建立有效的合同管理制度對於企業與合同相關的法律風險防範和管理來說是事半功倍的事情，公司高級管理人員應當引起足夠的重視。

企業管理者至少要具備以下素質：對用法律保護企業的意識很重；對企業管理的敏感性和理解力；良好的溝通能力和較強的操作性；獨立完成工作的能力和變通的能力。創辦初期的企業，在用法律來維權方面，必須給予高度的重視。

【課后思考實踐】

1. 思考一下企業在經營過程中會面臨的其他風險以及如何用法律手段保護企業。
2. 思考在企業經營過程中企業應該承擔那些相關責任。

第七章　新辦企業的管理

企業管理就像一條軌道，引領並規範著列車向目標前進；當沒有軌道或軌道出現問題時，列車（企業）就會出現問題。由此可見，企業管理是一個企業發展的內在需求，能提高企業的運作效率，明確企業的發展方向。良好的企業管理能提高員工的積極性和主動性，充分發揮員工的潛能，實現企業對人才的需求。企業管理的優劣，亦關係到企業是否能樹立良好的企業形象、提高企業的社會效益及經濟效益。

通過本章學習，你將能夠：
1. 掌握企業管理的內涵；
2. 認識企業管理的目的及意義；
3. 學會靈活使用企業管理的基本方法；
4. 評估自己企業管理的基本能力。

第一節　企業的日常管理

一、企業日常管理概述

（一）企業日常管理的內涵

企業日常管理（Business Management）是對企業的生產經營活動進行組織、計劃、指揮、監督和調節等一系列活動的總稱，主要指運用各類策略與方法，對企業中的人、機器、原材料、方法、資產、信息、品牌、銷售渠道等進行科學管理，從而實現組織目標的活動。這由此對應衍生為各個管理分支：人力資源管理、行政管

第七章　新辦企業的管理

理、財務管理、研發管理、生產管理、採購管理、行銷管理等。通常公司會按照這些專門的業務分支設置職能部門。

(二) 企業日常管理的四大方法

1.「抽屜式」管理

「抽屜式」管理，現代管理也稱為「職務分析」。當今一些經濟發達國家的大中型企業都非常重視「抽屜式」管理和職位分類，並且都在「抽屜式」管理的基礎上不同程度地建立了職位分類制度。「抽屜式」管理是指在每個管理人員辦公桌的抽屜裡都有一個明確的職務工作規範，在管理工作中，既不能有職無權，也不能有責無權，更不能有權無責，必須職、責、權、利相互結合。

企業進行「抽屜式」管理的五個步驟如下：

第一步，建立一個由企業各個部門組成的職務分析小組；

第二步，正確處理企業內部集權與分權的關係；

第三步，圍繞企業的總體目標，層層分解，逐級落實職責權限範圍；

第四步，編寫「職務說明」「職務規範」，制定出對每個職務工作的要求；

第五步，必須考慮到考核制度與獎懲制度相結合。

2. 危機式管理

隨著全球經濟競爭日趨激烈，世界著名大企業中有相當一部分進入維持和衰退階段。為改變狀況，美國企業較為重視推行「危機式」生產管理，掀起了一股「末日管理」的浪潮。

美國企業界認為，如果一位經營者不能很好地與員工溝通，不能向他的員工表明危機確實存在，那麼，他很快就會失去信譽，因而也會失去效率和效益。美國技術公司總裁威廉‧偉思看到，全世界已變成一個競爭的戰場，全球電信業正在變革中發揮重要作用。因此，他起用兩名大膽改革的高級管理人員為副董事長，免去5

名傾向於循序漸進改革的高級人員職務，在職工中廣泛宣傳某些企業由於忽視產品質量、成本上升以致失去用戶的危機。他要全體員工知道，如果技術公司不把產品質量、生產成本及用戶時刻放在突出位置，公司的末日就會來臨。

3. 一分鐘管理

目前，西方許多企業採用了「一分鐘」管理法則，並取得了顯著成效。具體內容為：一分鐘目標、一分鐘讚美及一分鐘懲罰。所謂一分鐘目標，就是企業中的每個人都將自己的主要目標和職責明確地記在一張紙上。每個目標及其檢驗標準應該在 250 個字內表達清楚，在一分鐘內就能讀完。這樣，便於每個人明確認識自己為何而干、怎樣去干，並且據此定期檢查自己的工作。一分鐘讚美，就是人力資源激勵。具體做法是企業的經理經常花不長的時間，在職員所做的事情中挑出正確的部分加以讚美。這樣可以促使每位職員明確自己所做的事情，更加努力地工作，並不斷向完美的方向發展。一分鐘懲罰，是指某件事本該做好却沒有做好，對有關人員首先進行及時批評，指出其錯誤，然後提醒他「你是如何器重他，不滿的是他此時此地的工作」。這樣，可以使做錯事的人樂於接受批評，並注意避免以后同樣錯誤的發生。

一分鐘管理法則妙就妙在它大大縮短了管理過程，有立竿見影之效。一分鐘目標，便於每個員工明確自己的工作職責，努力實現自己的工作目標；一分鐘讚美可使每個職員更加努力地工作；一分鐘懲罰可使做錯事的人樂意接受批評，促使他今后工作更加認真。

3. 破格式管理

企業諸多管理最終都要通過對人事的管理達到變革創新的目的。因此，世界發達企業都根據企業內部競爭形勢的變化積極實行人事管理制度變革，以激發員工的

第七章　新辦企業的管理

創造性。在日本和韓國企業裡，過去一直將工作年限作為晉升職員級別和提高工資標準的「年功制度」。這種制度適應了企業快速膨脹時期對用人的要求，提供了勞動力就業與發展的機會。進入 20 世紀 80 年代以來，這些發達企業進入低增長和相對穩定階段，「年功制度」已不能滿足職員的晉升慾望，導致企業組織人事的活力下降。90 年代初，日本、韓國的發達企業著手改革人事制度，大力推行根據工作能力和成果決定升降員工職務的「破格式」的新人事制度，收到了明顯成效。世界大企業人事制度的變革，集中反應出對人之潛力的充分挖掘，以搞活人事制度來完善企業組織結構，注意培養和形成企業內部的「強人」機制，形成競爭、奮發、進取、開拓的新氣象。

二、人力資源管理

（一）人力資源的概念

人力資源的概念是由管理大師彼得‧德魯克於 1954 年在其著作《管理的實踐》中首次正式提出並加以確定的。德魯克指出人力資源和其他所有資源相比而言，唯一的區別就是：它是人，並且擁有其他資源所沒有的特徵，即協調能力、融合能力、判斷能力和想像能力。關於人力資源的概念，國外學術界給出了不同的解釋。伊萬‧伯格（Ivan Berg）認為「人力資源是人類可用於生產產品或提供各種服務的活力、技能和知識」。內貝爾‧埃利斯（Nabil Elias）認為「人力資源是企業內部成員及外部的人可提供的潛在服務及有利於企業預期經營的總和」。

對人力資源概念的理解，中國學者仁者見仁、智者見智，觀點各異，但總結概括后有以下幾種代表性的觀點：

1. 勞動力人口觀

這種觀點主要用於宏觀層面的人力資源解釋，在研究一個國家或地區的人力資源開發與管理時這種概念比較常用。這種觀點認為人力資源等於勞動力，即認為人力資源是具有勞動能力的全部人口，確切地說，是指年滿 16 歲及以上的具有勞動能力的全部人口。

2. 在崗人員觀

這種觀點通常在度量生產要素投入數量與收益時使用得較多。這種觀點認為人力資源是目前正在從事社會勞動的全部人員，指一個國家、一個地區乃至一個組織能夠作為生產性要素投入社會經濟活動的勞動力人口。這種觀點較第一種觀點而言，其人力資源範圍有所縮小，具有更為積極的意義，並且將人力資源與勞動結合起來，認為只有參與了勞動，才能稱為人力資源。但它忽略了在崗人員出工不出力、出力不出潛力、出全力不出效益的現象。

3. 人員素質觀

這種觀點最近幾年才提出，在一般的組織管理中廣泛使用。這種觀點把人力資

源看作是人員素質綜合發揮的作用力，認為人力資源是勞動生產過程中可以直接投入的體質、智力、知識、經驗和技能等方面的總和，從而將人力資源管理的基本單位由個體觀轉變為素質觀，由人員觀轉變為人力觀。

4. 綜合貢獻觀

這種觀點在組織戰略分析中運用得較多。這種觀點認為人力資源是在一定區域或範圍內對國家或組織做出貢獻的人員總和。對於一個組織而言，人力資源主要是指存在於企業內部及外部的企業相關人員，包括各級經理、雇員、各類合作夥伴、顧客等可提供潛在合作與服務的、與企業經營活動有關的所有人力的總和。

綜合以上各種觀點可知，人力資源是指在一定時間與空間範圍內，可以被用來產生經濟效益和實現發展目標的體力、智力和心力等人力因素的總和，具體表現為體質、智力、知識、經驗和技能等方面的總和。

(二) 人力資源的特點

人力資源同其他資源相比具有如下特點：

1. 人力資源的社會性和群體性

與物質資源相比，人力資源最本質的屬性就是社會性與群體性。這種性質不但體現在人力資源的形成、發展與變化上，而且還體現在人力資源的作用成果上。人力資源的社會性主要體現在人力資源發揮作用的過程中，他們一般都處於不同的勞動群體中，而這種群體性的特徵就構成了人力資源社會性的基礎。其影響因素主要有人類特定的生產方式和生存條件、社會經濟條件和其他社會因素等。

2. 人力資源的內涵性與無形性

從人力資源的概念中我們可以看出，人力資源的實質是完成一定的工作任務所需要的體質、智力、知識、經驗和技能等，顯然這些都是隱藏於人體之中的，是看不見摸不著的東西，只有通過人的行為才能表現出來。

3. 人力資源的生活性與能動性

人力資源以人的身體為天然載體，蘊藏在生命個體之中，是一種「活」的資源，並與人的自然生理特徵相聯繫，具有生活性。同時，正是這種生活性使人力資源具有了能動性。人力資源的開發和利用，是通過其擁有者自身的活動來完成的，具有主體發揮性，即能動性。這種能動性主要表現為人的創造性。

4. 人力資源的變化性與可控性

自然資源是相對穩定的，但人力資源卻因個人、環境的變化而變化，這種變化主要表現在時間與空間上。20世紀70年代的高素質人力資源與21世紀的高素質人力資源就不能相提並論；一個單位的高素質人力資源在另外一個單位就不一定是高素質人力資源了。而且培育人力資源的社會環境的變化也會導致人力資源的變化，但這種變化相對自然資源來說是可控的。這種可控性主要通過人的能動性表現出來，具體是指人力資源不僅能夠控制企業的其他資源，而且還能控制其自身。

第七章　新辦企業的管理

（三）人力資本的概念

人力資本的明確概念是由1979年的諾貝爾經濟學獎獲得者西奧多·舒爾茨（Theodore Schultz）在20世紀60年代提出的。在1960年美國經濟學年會上，舒爾茨以美國經濟學會會長的身分發表了題為《人力資本的投資》的演講，認為人力資本主要是指凝集於勞動者本身的知識、技能及其所表現出來的勞動能力，這種勞動能力對經濟成長的貢獻遠比物質資本和勞動力數量重要。舒爾茨主要從經濟發展特別是農業發展的角度來研究人力資本。他認為土地本身不是導致貧困的關鍵因素，而改善人口質量的投資，能顯著改善窮人的經濟前景和福利。

舒爾茨主要從宏觀上分析了人力資本，而1992年諾貝爾經濟學獎獲得者加里·貝克爾（Garys Becker）則在人力資本理論的一般分析框架下促進了人力資本理論研究與實際應用的發展。貝克爾指出，人力資本理論可以解釋很多複雜的現象，這些現象主要包括：

（1）隨著年齡的增長，勞動者的收入也會同時增長，但這種增長會逐漸減慢，而且這種增長及其減慢的速度與勞動者的技能水平正相關；

（2）勞動者的失業風險往往與其技術水平負相關；

（3）年輕人比年紀大的人獲得了更多的學校教育和在職培訓，同時他們也更頻繁地跳槽；

（4）能力強的人接受的教育和在職培訓更多；

（5）典型的人力資本投資者比典型的有形資本投資者更具進取心。

對人力資本的含義，不同的研究者從不同的角度給出了不同的說法，但最具有代表性的還是人力資本理論的開創者舒爾茨為人力資本下的定義，可歸納為：人力資本是為未來長期受益而通過投資獲得的、最終表現為人的知識、技能、經驗和技術熟練程度等。這種人力資本投資比物質資本投資在提高生產力的過程中有更高的收益，具有收益遞增的特性，它是社會進步的決定性因素。根據舒爾茨的論述，可以將人力資本概括為如下五個要點：

（1）人力資本體現在人的身上，表現為人的知識、技能、資歷、經驗和熟練程度等；

（2）從經濟發展的角度看，人力資本是稀缺的；

（3）人力資本是通過對教育、健康的投資而形成的資本，從這個意義上講，教育和健康支出是生產型的；

（4）人力資本像一切資本一樣，都應當獲得回報；

（5）人力資本對經濟發展起著越來越大的作用。

（四）人力資本的特點

人力資本作為一種特殊的資本，除具有與其他資本相同的特點外，還有以下特徵：

1. 不可剝奪性

人力資本是存在於人體內的私有資本，與其所有者是天然不可分的，他人無法剝奪和佔有。

2. 外部性

人力資本不僅對人力資本所有者本身有影響，而且對周圍的人也有影響，而且這種影響有正負之分。例如，個人知識的增加帶來周圍人生產率的提高即為正效應，而個人生病缺崗影響整個組織的工作效率即為負效應。國家、企業和個人都應當有效地利用人力資本的正效應，避免負效應，從而提高人力資本營運的效率。

3. 增值性

這是人力資本最特殊的性質。物質資本隨著使用數量的上升，其資本存量不斷下降；人力資本隨著使用時間的延長，其資本存量卻是不斷上升，尤其當人們注重工作經驗時這一增值性更為明顯。

4. 專用性

隨著市場經濟的發展，社會專業化越來越突出，人力資本的所有者不可能學習、掌握所有的專業化知識和社會技能，而只能掌握特定的專業化知識和技能。社會教育和技能決定了人力資本的專用性。

5. 差異性

差異性主要表現在投資收益上，相同的花費因為被投資者不同，所獲得的收益具有差異性。

6. 收益遞增性

人力資本和其他資本一樣，能帶來收益，而且這種收益呈現出遞增的趨勢。

(五) 人力資源與人力資本的聯繫

人力資源和物質資源一樣，是客觀存在的經濟資源。在市場經濟條件下，進入企業的已不僅僅是傳統的勞動力，而是帶有濃重資本性質的人力資源，即資本化了的人力資源。只有實現了人力資源的資本化，人們的發展觀才能真正實現從以物為本向以人為本的轉變。

從人力資源和人力資本的相關分析看，人力資本是人力資源投資的結果。人力資源資本化是提高人力資源存量的過程，即通過對人力資源進行管理和開發，強化人力資源的質量，提高人力資源的能動性，減少出工不出力的人力資源隱性流失現象，並實現人力資本最大化的過程。

人力資源資本化在本質上是人力資源向人力資本轉化的動態過程，是將人力資源的相關投資性支出，通過一定規則轉化為人力資本的過程。該過程具體表現為：人力資源在接受企業投資後，依附於勞動者身上的，並且可以最終作為獲利手段使用的知識、技能、經驗等，按照「量變—階段性質變—質變」的邏輯順序實現存量增值，通過與其他資本的結合，進入生產過程和流通領域，最終為企業創造出卓越的績效。因此，完整的人力資源資本化運作，必須以人力資源投資為前提，並通過

第七章　新辦企業的管理

有效的人力資源管理將靜態的、潛在的人力資源「激活」，使之成為能夠直接投入生產的資本，從而形成組織的競爭優勢。一般情況下，培訓是將人力資源資本化的重要手段之一。企業通過培訓投資，可以提高員工素質，加強組織凝聚力，改變員工的工作態度，更新員工的工作技能，改善員工的知識結構，激發員工的創造力和潛能並最終實現人力資源資本化。

（六）人力資源規劃的含義

伴隨著知識經濟的到來，人力資源的競爭日益成為競爭的焦點。一個組織如果要維持生存和發展，就必須順應環境的變化，擁有足夠的人力資源、良好的人員結構和較強的員工競爭能力，從而就必須進行人力資源規劃。

對人力資源規劃這一概念的理解和認識，眾說紛紜，理論界的觀點大致有以下幾種：

（1）人力資源規劃，有時也被稱為人力資源計劃。它的定義是：使恰當數量的合格人員在合適的時間進入合適的工作崗位的過程。此外，還有另一種定義，即「人力資源規劃是使人員的供給——內部的（現有的員工）和外部的（要雇用或在尋找的員工），在給定的時間範圍內與組織預期的空缺相匹配的系統」。

（2）人力資源規劃是指「企業根據戰略發展目標與任務要求，科學地預測、分析自己在變化的環境中的人力資源供給和需求情況，制定必要的政策和措施，以確保企業在需要的時間和需要的崗位上獲得各種需要的人才的過程」。

（3）企業人力資源規劃是指「根據企業的發展戰略、企業目標及企業內外環境的變化，科學地分析和預測未來的企業對人力資源的需求和供給狀況，並據此制定和調整相應的政策和實施方案，以確保企業在恰當的時間、在不同的職位獲得恰當人選的動態過程」。

（4）人力資源規劃是指「在企業發展戰略和經營規劃的指導下進行人員的供需平衡，以滿足企業在不同發展時期對人員的需求，為企業的發展提供符合質量和數量要求的人力資源保證」。簡單地講，人力資源規劃就是對企業在某個時期內的人員供給和人員需求進行預測，並根據預測的結果採取相應的措施來平衡人力資源的供需。

（5）人力資源規劃是指「使企業穩定地擁有一定質量和必要數量的人力，為實現包括個人利益在內的整個組織的目標而擬定的一套措施，從而求得人員需求量和人員擁有量在企業未來發展過程中的相互匹配」。

通過對以上定義的理解，對於人力資源規劃的概念，我們應著重把握以下要點：

（1）人力資源規劃隨組織環境的發展而變化，以保證人力資源與未來企業發展階段的動態平衡。

（2）人力資源規劃的核心是保持未來人力資源供給與需求的平衡，即系統化地評價人力資源供給與需求。人力資源規劃是對人力資源進行調整、配置和補充的過程。

(3) 人力資源規劃應以組織發展戰略為出發點,要求組織人力資源在數量、質量、結構上與組織生產的物質基礎相適應。

(4) 人力資源規劃要求在完成組織目標的同時,兼顧員工福利的實現,充分激發員工的積極性和創造性,使人力資源的供給和需求達到最佳平衡,使組織和員工的價值實現最大化。

因此,所謂人力資源規劃,可以界定為:人力資源規劃主體在組織戰略的指引下,在組織內部現有的資源和能力條件下,按照組織戰略目標的要求,客觀、充分、科學地分析實現組織願景和組織目標所需的人力資源的數量、質量、種類以及結構,同時分析組織外部和內部環境對所需人力資源的供給情況,對組織人力資源的供給與需求進行預測,並盡可能地平衡人力資源的供給與需求,引導組織的人力資源管理活動更好地與組織的整體活動協調,保證人力資源管理目標與組織目標一致,從而促進實現組織戰略目標的過程。

人力資源規劃是組織發展戰略的重要組成部分,也是組織各項人力資源管理工作的起點和依據。組織的人力資源規劃要和組織的整體規劃,如組織發展戰略、組織經營計劃、組織年度計劃等相互配合和支持,同時也要和人力資源管理的各項工作,如工作分析、招聘管理、培訓管理、績效管理和薪酬管理等相互協調。

(七) 人力資源規劃的內容

1. 狹義人力資源規劃

(1) 人員配備計劃

企業按照內外部環境的變化,採取不同的人員管理措施(比如使員工在企業內部合理流動、對崗位進行再設計等)以實現企業內部人員的最佳配置。例如,當企業要求某崗位上的員工同時具備其他崗位的經驗或知識時,就可以讓此崗位上的員工定期地、有計劃地流動,以提高其知識技能,使之成為複合型人才。再比如,當人員過剩時,企業可以通過崗位再設計對企業中不同崗位的工作量進行調整,解決工作負荷不均的問題。

(2) 人員補充計劃

人員補充計劃是企業根據組織運行的實際情況,對企業在中、長期內可能產生的空缺職位加以彌補的計劃,旨在促進人力資源數量、質量和結構的完善。一般來講,人員補充計劃是和人員晉升計劃相聯繫的,因為晉升計劃會造成組織內的職位空缺,並且這種職位空缺會逐級向下移動,最後導致企業對較低層次的人員需求加大。所以,在企業進行招聘錄用活動時,必須預測未來的一段時間內(比如1~2年)員工的使用情況。只有這樣,才能制定出合理的人員補充計劃,保證企業在每一發展階段都有適合的員工擔任各種崗位工作。

(3) 人員晉升計劃

人員晉升計劃是企業根據企業目標、人員需要和內部人員分佈狀況制訂的員工職務提升方案。對企業來說,要盡量使人與事達到最佳匹配,即盡量把有能力的員

第七章　新辦企業的管理

工配置到能夠發揮其最大作用的崗位上去，這對於調動員工的積極性和提高人力資源利用率是非常重要的。職務的晉升，意味著責任與權限的增大，根據赫茲伯格的雙因素理論，責任與權限都屬於工作的激勵因素，它們的增加對員工的激勵作用巨大。因此，人員晉升計劃的最直接作用就是激勵員工。

晉升計劃的內容一般由晉升條件、晉升比率、晉升時間等指標組成。企業的晉升計劃是分類制訂的，每一個晉升計劃都可以用這些指標清楚地表示。企業在制訂員工晉升計劃時應該全面地衡量上述指標，慎重考慮，以免使員工感到不公平，進而對員工已有的平等競爭環境和企業的經營效益造成不良的影響。

2. 廣義人力資源規劃

廣義的人力資源規劃，按照年度編製的計劃，除了上述三種人員計劃之外，還包括：

(1) 人員培訓開發計劃

人員培訓開發計劃就是企業通過對員工有計劃地培訓，引導員工的技能發展與企業的發展目標相適應的策略方案。人力資源是一種再生性資源，企業可以通過有計劃、有步驟的分門別類的培訓來開發人力資源的潛力，培養出企業發展所需的合格人才。企業人員培訓的任務就是設計針對現有員工的培訓方案、生理與心理保健方案。

(2) 員工薪酬激勵計劃

薪酬激勵計劃一方面是為了保證企業人工成本與企業經營狀況之間恰當的比例關係，另一方面是為了充分發揮薪酬的激勵功能。企業通過薪酬激勵計劃，可以在預測企業發展的基礎上，對未來的薪酬總額進行預測，並設計、制定、實施未來一段時期的激勵措施，如激勵方式的選擇，以充分調動員工的工作積極性。

(3) 員工職業生涯規劃

員工職業生涯規劃既是員工個人的發展規劃，又是企業人員規劃的有機組成部分。企業通過員工職業生涯規劃，能夠把員工個人的職業發展與組織需要結合起來，從而有效地留住人才，穩定企業的員工隊伍。特別是對那些具有相當發展潛力的員工，企業可以通過個人職業生涯規劃的制定，激發他們的主觀能動性，使其在企業中發揮出更大的作用。

(4) 其他計劃

其他計劃包括勞動組織計劃、員工援助計劃、勞動衛生與安全生產計劃等。

(八) 人力資源規劃的作用

1. 人力資源規劃的戰略作用

在組織環境變化的條件下，任何組織都會不斷地追求生存和發展的空間，人力資源的獲得和運用是其中最主要的制約因素。無論是人員需求量、供給量的確定，還是職務、人員以及任務的調整，不通過一定的規劃是難以有效實現的。將人力資源規劃提升到組織發展戰略的高度，與組織的其他發展策略結合，為組織的人力資

源管理提供了方向、指明了道路，可以保證從人力資源方面協助組織各部門實現組織目標，提高組織的工作績效。

2. 人力資源規劃的先導作用

人力資源規劃具有前瞻性，通過對組織未來環境的預測，可以及時為組織人員的錄用、晉升、培訓、調整以及用人成本的控制等，提供準確的信息和依據。人力資源規劃能預先監測到組織發展對人力資源需求的動向，可以及早引導組織開展相應的人力資源工作，以免組織面對環境的變化措手不及。因此，人力資源規劃有助於組織把握未來發展趨勢，能夠引導組織的人力資源決策，有助於組織幫助員工開展職業生涯規劃。

3. 人力資源規劃的保障作用

預測人力資源供求差異並進行調整，是人力資源規劃的基本職能。對於一個動態的組織來說，組織的內外環境由於種種原因處在不斷變化之中。外界環境的變化、組織內部人員的離職等都會造成人力資源缺口。這種缺口不可能自動修復。人力資源規劃可以通過對供求差異的分析，採取適當的措施吸引和留住組織所需的人員，同時調整這種差異，保證適時滿足組織對人力資源的各種需求。

4. 人力資源規劃的控製作用

人力資源規劃一方面通過對組織現有人力資源結構的分析，預測和控制組織人員的變化，逐步調整人員結構，使之趨於合理，促進人力資源的高效使用；另一方面通過有效的薪酬規劃，盡可能降低用人成本。因此，在預測未來組織發展的條件下，有計劃地逐步調整人員的分佈狀況，把用人成本控制在合理的範圍內並加強人力資源規劃，就顯得非常重要。

5. 人力資源規劃的激勵作用

人力資源規劃有助於調動員工的積極性。通過合理的人員培訓和調配規劃，員工能夠找到適合自己的崗位，充分發揮自己的潛能；通過晉升和薪酬規劃，員工可以看到自己的發展前景，從而更有工作積極性。

6. 人力資源規劃的協調作用

人力資源管理是一個系統的過程，而人力資源規劃又是人力資源管理工作的基礎之一。它將人力資源管理的各項活動連接在一起，使組織的人力資源管理者在及時瞭解人力資源變化的基礎上，協調各方面的關係，改進相應的策略，有效地利用人力資源，促進組織的發展。

【案例分析】

招聘

位於北京東單東方廣場的某外資SP公司因發展需要在2005年10月底從外部招聘新員工。期間先後招聘了兩位行政助理（女性），結果都失敗了。具體情況如下：

第一位：A。入職的第二天就沒來上班，沒有來電話，上午公司打電話聯繫不

第七章　新辦企業的管理

到本人。經她弟弟解釋，她不打算來公司上班了，具體原因沒有說明。下午，她本人終於接電話，不肯來公司說明辭職原因。三天後又來公司，中間反覆兩次，最終決定不上班了。她的工作職責是負責前臺接待。入職當天晚上公司舉行了聚餐，她和同事談得也挺愉快。她自述的辭職原因是：工作內容和自己預期不一樣，瑣碎繁雜，覺得自己無法勝任前臺工作。人力資源部（HR）對她的印象是：內向，有想法，不甘於做瑣碎的接待工作，對批評（即使是善意的）非常敏感。

第二位：B。工作十天後辭職。B 的工作職責是負責前臺接待、出納、辦公用品採購、公司證照辦理與手續變更等。自述辭職原因是：奶奶病故了，需要辭職在家照顧爺爺（但是當天身穿大紅毛衣、化彩妝）。透露家裡很有錢，家裡沒有人給人打工。給 HR 的印象是：形象極好，思路清晰，溝通能力強，行政工作經驗豐富。給總經理的印象是：商務禮儀不好，經常是小孩姿態，做出撒嬌的樣子，需要進行商務禮儀的培訓。

招聘流程：①公司在網上發布招聘信息。②總經理親自篩選簡歷，篩選標準：本科應屆畢業生或者年輕的，最好有照片，看起來漂亮的，學校最好是名校。③面試：如果總經理有時間就總經理直接面試。如果總經理沒時間就由 HR 進行初步面試，總經理最終面試。新員工的工作崗位、職責、薪資、入職時間都由總經理定。④面試合格後錄用，沒有入職前培訓，直接進入工作。

公司背景：此公司是一國外 SP 公司在中國投資的獨資子公司，主營業務是為電信營運商提供技術支持，提供手機移動增值服務，手機廣告。該公司所處行業為高科技行業，薪水待遇高於其他傳統行業。公司位於北京繁華商業區的著名寫字樓，對白領女性具有很強的吸引力。總經理為外國人，在中國留過學，自認為對中國很瞭解。

被招聘的員工背景：

A：23 歲，北京人，專科就讀於北京工商大學，後轉本就讀於中國人民大學。2004 年 1~12 月做過少兒劍橋英語教師。

B：21 歲，北京人。學歷大專，就讀於中央廣播電視大學電子商務專業。上學期間在兩個單位工作過：一個為拍賣公司，另一個為電信設備公司，職務分別為商務助理和行政助理。B 在 2004 年曾參加瑞麗封面女孩華北賽區復賽，說明 B 的形象氣質均佳。

招聘行政助理連續兩次失敗，作為公司的總經理和 HR 覺得這不是偶然現象，在招聘行政助理方面肯定有重大問題。問題出在什麼地方呢？

【課堂活動】

活動形式：請有意向、感興趣的同學上臺進行角色扮演。讓其他同學置身其間，感受氛圍。

活動內容：某公司是一家日化產品生產企業。幾年來，公司業務一直發展很好，

大學生創新創業指導

銷售量逐年上升。每到銷售旺季，公司就會到人才市場大批招聘銷售人員，一到銷售淡季，公司又會大量裁減銷售人員。就這件事，某公司銷售經理陳鴻飛曾給總經理蔣明浩提過幾次意見，而蔣總却說：人才市場中有的是人，只要工資待遇高，還怕找不到人嗎？一年四季把他們「養」起來，這樣做費用太高了。這樣，某公司的銷售人員流動性很大，包括一些銷售骨幹也紛紛跳槽，蔣總對銷售骨幹還是極力挽留，但沒有效果，他也不以為然，仍照著慣例，派人到人才市場中去招人來填補空缺。終於出事了，在去年某公司銷售旺季時，跟隨蔣總多年的陳鴻飛和公司大部分銷售人員集體辭職，致使某公司銷售工作一時近乎癱瘓。這時，蔣總才感到問題有些嚴重。因為人才市場上可以招到一般的銷售人員，但不一定總能找到優秀的銷售人才和管理人才。在這種情勢下，他親自來到陳鴻飛家中……

請同學們相互扮演各自角色。再讓總經理蔣明浩去說服這些人。

活動目的：讓公司糾正傳統的以「事」為中心，而不是以「人」為中心的管理偏差，樹立正確的人力資源觀。

【課后思考實踐】

1. 人力資源規劃的內容有哪些？談談你對它們的認識。
2. 如果你是伯樂，怎樣發現自己的千里馬？

三、績效考評管理

(一) 績效考評概述

績效考評，是人力資源管理的核心職能之一，是指評定者運用科學的方法、標準和程序，對行為主體與評定任務有關的績效信息（業績、成就和實際作為等）進行觀察、收集、組織、貯存、提取、整合併盡可能做出準確評價的過程。

(二) 績效考評模式

常用的績效考核模式有以下幾種。

第七章　新辦企業的管理

1. 關鍵績效指標（Key Performance Indicator，KPI）考核

KPI考核是通過對工作績效特徵的分析，提煉出最能代表績效的若干關鍵指標體系，並以此為基礎進行績效考核的模式。KPI必須是衡量企業戰略實施效果的關鍵指標，其目的是建立一種機制，將企業戰略轉化為企業的內部過程和活動，以不斷增強企業的核心競爭力並使其持續取得高效益。

KPI考核的一個重要的管理假設就是一句管理名言：「你不能度量它，就不能管理它。」所以，KPI一定要抓住那些能有效量化的指標或者將之有效量化。而且，在實踐中，可以「要什麼，考什麼」，應抓住那些亟待改進的指標，提高績效考核的靈活性。KPI一定要抓住關鍵而不能片面與空泛。當然，KPI的關鍵並不是越少越好，而是應抓住績效特徵的根本。

2. 目標管理法（Management by Objective，MBO）

作為一種成熟的績效考核模式，始於管理大師彼得‧得魯克的目標管理模式迄今已有幾十年的歷史了，如今也廣泛應用於各個行業。目標管理的模式為：為了保證目標管理的成功，確立目標的程序必須準確、嚴格，以達成目標管理項目的成功推行和完成；目標管理應該與預算計劃、績效考核、工資、人力資源計劃和發展系統結合起來；要弄清績效與報酬的關係，找出這種關係之間的動力因素；要把明確的管理方式和程序與頻繁的反饋相聯繫；績效考核的效果大小取決於上層管理者在這方面的努力程度，以及他和下層管理者的人際關係和溝通水平；之後的目標管理計劃準備工作在當前的目標管理實施的末期之前完成，年度的績效考評作為最後參數納入預算之中。

3. 平衡記分卡（The Balance Scorecard，BSC）

平衡記分卡從財務、顧客、內部業務過程、學習與成長四個方面來衡量績效。平衡記分法一方面考核企業的產出（上期的結果），另一方面考核企業未來成長的潛力（下期的預測）；再從顧客角度和內部業務角度兩方面考核企業的營運狀況參數，充分把公司的長期戰略與公司的短期行動聯繫起來，把遠景目標轉化為一套系統的績效考核指標。

4. 360度反饋（360° Feedback）

360度反饋也稱全視角反饋，是被考核人的上級、同級、下級和服務的客戶等對他進行評價，通過評論知曉各方面的意見，清楚自己的長處和短處，從而達到提高自己的目的。

5. 主管述職評價

述職評價是由崗位人員作述職報告，把自己的工作完成情況和知識、技能等反應在報告內的一種考核方法。其主要針對企業中、高層管理崗位進行考核。述職報告可以在總結本企業、本部門工作的基礎上進行，但重點是報告本人履行崗位職責的情況，即該管理崗位在管理本企業、本部門完成各項任務中的個人行為以及本崗位所發揮作用狀況。

不同績效考核模式或方法的特徵如下：

KPI模式強調抓住企業營運中能夠有效量化的指標，提高了績效考核的可操作性與客觀性；MBO模式將企業目標通過層層分解下達部門以及個人，強化了企業監控與可執行性；BSC模式從企業戰略出發，不僅考核當前的情況，還考核將來，不僅考核結果，還考核過程，適應了企業戰略與長遠發展的要求，但不適合對初創公司的衡量；360度績效反饋評價有利於克服單一評價的局限，但主要用於能力開發；主管述職評價僅適用於中高層主管的評價。

每一種績效考核模式或方法都反應了一種具體的管理思想和原理，都具有一定的科學性和合理性，同時，不同的模式或方法又有自己的局限性與適用條件範圍。

(三) 績效考評存在的誤區

績效考評的誤區主要包括以下幾方面：

1. 傳統文化中的消極方面和意識觀念影響考評系統的運作

中華傳統文化博大精深，但其中一些不適應現代社會發展的方面，必然反應到考評系統中。比較典型的，諸如求同心理、官本位、人情、關係網等。求同心理反應到考評中，就是你好、我好、大家都好，而拉不開差距；官本位反應到考評中，多表現為強調政治素養而且長官意識十分嚴重；人情和關係網反應到考評中，則是關係好或是網中人，考評結果就較好，反之則較差。

2. 沒有進行職位分析

在中國企業中，職位分析還未受到普遍的重視，崗位職責模糊。這樣，一是失去了判斷一個崗位工作完成與否的依據，從而崗位目標難以確定，導致難以進行科學考評；二是各崗位忙閒不均，存在著同一職級的不同崗位之間工作量的大小、難易程度差別較大。結果，在其他表現差不多、工作任務也都完成的情況下，往往工作量大、工作難度高的崗位上的員工沒有被評為優秀。

3. 考評結果全部由最高領導人審定

企業的每層上級都有權修改員工的考評評語。儘管各層領導由於所站的角度不同，可能會產生意見分歧，但是，官大說了算，最終以最高領導人的評定為準。這

第七章　新辦企業的管理

樣，一方面，被考評者的直接上級感到自己沒有實權而喪失了責任感；另一方面，員工也會認為直接上級沒有權威而不服從領導，走「上層路線」，使企業內的正常指揮秩序遭到破壞。此外，考評結果的最終裁決權掌握在最高領導者手中：很多情況下，考評結果最終會送到最高領導人那裡去審批。這實際上是把員工對考評結果可能存在的不滿轉嫁到最高領導人身上，現實中員工對企業領導人的不滿大多數就是這樣產生的。

4. 採用單一的、省時省力的綜合標準

採用單一的、省時省力的綜合標準，不僅模糊性大，而且執行偏差也大。結果，評先進變成評「人緣」，選拔幹部變成搞平衡，存在著輪流坐莊現象。並且，綜合標準有千篇一律的傾向——不論是高級領導人還是初、中級員工，往往都用一個標準去評價，沒有顧及人才有能級差異的客觀現實。

5. 將考評等同於考察

考評與考察，一字之差，但內涵卻相去甚遠：二者的差異，主要體現在手段、內容表述和結果表現形式上。考察，在手段上，一般採用談話、瞭解情況的方式，任前考察是最主要的手段，其他如年度考察、專項考察等一般不受重視，要提拔才考察、不提拔則不考察已經成為慣例；在內容表述上，空洞，優點一大堆，缺點輕描淡寫、一筆帶過，不觸及實質問題，對成績的取得往往缺乏真正科學的評價，常常是一個成績大家用、一頂帽子大家戴；在結果表現上，體現為考察報告，往往泛泛而談，達標即止。

6. 黑箱作業，缺乏反饋

原有的人事考評主觀色彩極濃，缺乏可以隨時公開的客觀資料，或者由於主管不願與員工面對面地檢討，往往將考評表格填完之後，就直接送到人事部門歸檔。這樣，員工不知道自己業績的好壞，不僅成為滋生「幹多幹少一個樣」思想的溫床，也無從改進績效。如此，績效考評就沒有起到其應有的激勵和改進作用。

7. 沒有就考評結果與員工面談

考評面談可以有效地檢討員工的工作績效，使員工有機會提出改進工作績效的辦法，主管也得以借此修正員工的工作責任、目標及績效指標，並且可以進一步瞭解員工是否需要接受更多的訓練和輔導。此外，考評面談還能拓展主管與員工的共同聯繫渠道。

8. 沒有讓考評結果充分發揮效用

在一些企業中，由於平均主義的思想殘余還十分嚴重，因而考評結果的使用力度不大，缺乏吸引力。或者，由於配套機制的缺乏，諸如崗位目標責任制、能上能下制度、獎懲制度等尚不完善，以致在實踐中對考評結果的使用即使「有心」也「無力」。

(四)建立績效考評體系

1. 選取考評內容的原則

考評內容主要是以崗位的工作職責為基礎來確定的，但要注意遵循下述三個原則：

(1)與企業文化和管理理念保持一致。考評內容實際上就是對員工工作行為、態度、業績等方面的要求和目標，它是員工行為的導向。考評內容是企業組織文化和管理理念的具體化和形象化，在考評內容中必須明確企業在鼓勵什麼、在反對什麼，從而給員工以正確的指引。

(2)要有側重。考評內容不可能包括該崗位上的所有工作內容，為了提高考評的效率，降低考評成本，並且讓員工清楚工作的關鍵點，考評內容應該選擇崗位工作的主要內容進行考評，不要面面俱到。這些主要內容實際上已經占據了員工80%的工作精力和時間。另外，對難於考核的內容也要謹慎處理，認真分析它的可操作性和它在崗位整體工作中的作用，不考評無關內容。

(3)績效考評是對員工的工作考評，對不影響工作的其他任何事情都不要進行考評。比如說員工的生活習慣、行為舉止、個人癖好等內容都不宜作為考評內容出現，如果這些內容妨礙到工作，其結果自然會影響到相關工作的考評成績。

2. 對考評內容進行分類

為了使績效考評更具有可靠性和可操作性，應該在對崗位的工作內容分析的基礎上，根據企業的管理特點和實際情況，對考評內容進行分類。比如將考評內容劃分為「重要任務」考評、「日常工作」考評和「工作態度」考評三個方面。

「重要任務」是指在考評期內被考評人的關鍵工作，往往列舉1~3項最關鍵的即可，如對於開發人員可以是考評期的開發任務，銷售人員可以是考評期的銷售業績。「重要任務」考核具有目標管理考核的性質。對於沒有關鍵工作的員工（如清潔工）則注意不進行「重要任務」的考評。

「日常工作」的考核條款一般以崗位職責的內容為準，如果崗位職責內容過雜，

第七章　新辦企業的管理

可以僅選取重要項目考評。它具有考評工作過程的性質。

「工作態度」的考核可選取對工作能夠產生影響的個人態度，如協作精神、工作熱情、禮貌程度等，對於不同崗位的考評有不同的側重。比如，「工作熱情」是行政人員的一個重要指標，而「工作細緻」可能更適合財務人員。另外，要注意一些純粹的個人生活習慣等與工作無關的內容不要列入「工作態度」的考評內容。不同分類的考評內容，其具體的考評方法也不同。

3. 編寫考評題目及制定考評尺度

（1）編寫考評題目

在編寫考評題目時，要注意以下幾個問題：首先，題目內容要客觀明確，語句要通順流暢、簡單明瞭，不會產生歧義；其次，每個題目都要有準確的定位，題目與題目之間不要有交叉內容，同時也不應該有遺漏；最後，題目數量不宜過多。

（2）制定考評尺度

考評的尺度一般使用五類標準：極差、較差、一般、良好、優秀。也可以使用分數，如 0~10 分，10 分是最高分；對於不同的項目根據重要性的不同，需使用不同的分數區間。使用五類標準考評時，在計算總成績時也要使用不同的權重。

為了提高考評的可靠性，考評的尺度應該盡可能細化，如果做成「優秀」「良好」「一般」「較差」「極差」等比較抽象，考評人容易主觀判斷從而產生誤差，我們可以將每個尺度都進行細化，這樣情況會好得多。

（五）考評方法

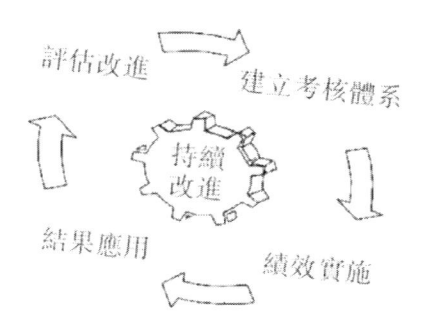

績效考評方法主要包括以下幾種：

1. 等級評估法

等級評估法是績效考評中常用的一種方法。根據工作分析，將被考評崗位的工作內容劃分為相對獨立的幾個模塊，在每個模塊中用明確的語言描述完成該模塊工作需要達到的工作標準。同時，將標準分為幾個等級，如「優」「良」「合格」「不合格」等，考評人根據被考評人的實際工作表現，對每個模塊的完成情況進行評估。總成績便為該員工的考評成績。

2. 目標考評法

目標考評法是根據被考評人完成工作目標的情況來進行考核的一種績效考評方式。在開始工作之前，考評人和被考評人應該對需要完成的工作內容、時間期限、考評的標準達成一致。在時間期限末，考評人根據被考評人的工作狀況及原先制定的考評標準進行考評。目標考評法適合於企業中試行目標管理的項目。

3. 序列比較法

序列比較法是對相同職務員工進行考核的一種方法。在考評之前，首先要確定考評的模塊，但是不確定要達到的工作標準。將相同職務的所有員工在同一考評模塊中進行比較，根據他們的工作狀況排列順序，工作較好的排名在前，工作較差的排名在後。最後，將每位員工幾個模塊的排序數字相加，就是該員工的考評結果。總數越小，績效考評成績越好。

4. 相對比較法

與序列比較法相仿，它也是對相同職務員工進行考核的一種方法。所不同的是，它是對員工進行兩兩比較，任何兩位員工都要進行一次比較。兩名員工比較之後，工作較好的員工記「1」，工作較差的員工記「0」。所有的員工相互比較完畢後，將每個人的成績進行相加，總數越大，績效考評的成績越好。與序列比較法相比，相對比較法每次比較的員工不宜過多，範圍為5~10名。

5. 小組評價法

小組評價法是指由兩名以上熟悉該員工工作的經理組成評價小組進行績效考評的方法。小組評價法的優點是操作簡單，省時省力；缺點是容易使評價標準模糊，主觀性強。為了提高小組評價的可靠性，在進行小組評價之前，應該向員工公布考評的內容、依據和標準。在評價結束後，要向員工講明評價的結果。在使用小組評價法時，最好和員工個人評價結合進行。當小組評價和個人評價結果差距較大時，為了防止考評偏差，評價小組成員應該首先瞭解員工的具體工作表現和工作業績，然後再做出評價決定。

6. 重要事件法

考評人在平時注意收集被考評人的「重要事件」，這裡的「重要事件」是指被考評人的優秀表現和不良表現，對這些表現要形成書面記錄。對普通的工作行為則不必記錄。根據這些書面記錄進行整理和分析，最終形成考評結果。該考評方法一般不單獨使用。

7. 評語法

評語法是指由考評人撰寫一段評語來對被考評人進行評價的一種方法。評語的內容包括被考評人的工作業績、工作表現、優缺點和需努力的方向。評語法在中國應用得非常廣泛。由於該考評方法主觀性強，最好不要單獨使用。

8. 強制比例法

強制比例法可以有效地避免由於考評人的個人因素而產生的考評誤差。根據正

第七章　新辦企業的管理

態分佈原理，優秀的員工和不合格的員工的比例應該基本相同，大部分員工應該屬於工作表現一般的員工。所以，在考評分佈中，可以強制規定優秀人員的人數和不合格人員的人數。比如，優秀員工和不合格員工的比例均占 20%，其他 60% 屬於普通員工。強制比例法適合相同職務員工較多的情況。

9. 情景模擬法

情景模擬法是一種模擬工作考評方法。它要求員工在評價小組人員面前完成類似於實際工作中可能遇到的活動，評價小組根據完成的情況對被考評人的工作能力進行考評。它是一種針對工作潛力的一種考評方法。

10. 泛化的項目管理法

採用項目的方式去處理。領導採用泛化的項目管理理念，也是輕量級的項目管理方式，因此公司管理中的各項事務可以創建為項目，可以將部門內的工作按項目去管理，也可將突發的事情創建為一個新項目，項目成員可以打破部門的限制自由組合。這樣管理者能夠很自由地利用現有的資源，去有序地應對突發事件，快速解決企業的問題，保障企業能夠良好地運作。

11. 綜合法

顧名思義，綜合法就是將各類績效考評方法綜合運用，以提高績效考評結果的客觀性和可信度。在實際工作中，很少有企業使用單獨一種考評方法來進行績效考評工作。

(六) 考評流程

人力資源部負責編製考評實施方案，設計考評工具，擬訂考評計劃，對各級考評者進行培訓，並提出處理考評結果的應對措施，供考評委員會決策。

各級主管組織員工撰寫述職報告並進行自評。

所有員工對本人在考評期間內的工作業績及行為表現（工作態度、工作能力）進行總結，核心是對照自己的職責和目標要求進行自我評價。

部門主管根據受評人日常工作目標完成程度、管理日誌記錄、考勤記錄、統計資料、個人述職等，在對受評人各方面表現充分瞭解的基礎上，負責進行客觀、公正的考核評價，並指出對受評人的期望或工作建議，交部門上級主管審核。

如果一個員工有雙重直接主管，就由其主要業務直接主管負責協調另一業務直接主管對其進行考評。

各級主管負責抽查間接下屬的考評過程和結果。

主管負責與下屬進行績效面談。當直接主管和員工就績效考核初步結果談話結束后，員工可以保留自己的意見，但必須在考評表上簽字。員工若對自己的考評結果有疑問，有權向上級主管或考評委員會反應或申訴。

對於派出外地工作的員工，反饋面談由該員工所在地的直接主管代為進行。

人力資源部負責收集、匯總所有考評結果，編製考評結果一覽表，報公司考評委員會審核。

考評委員會聽取各部門分別匯報，對重點結果進行討論和平衡，糾正考評中的偏差，確定最后的評價結果。

人力資源部負責整理最終考評結果，進行結果兌現，分類建立員工績效考評檔案。

各部門主管就績效考評的最終結果與下屬面談溝通，對受評人的工作表現達成一致意見，肯定受評人的優點所在，同時指出有待改進的問題和方面，雙方共同制定可行的績效改進計劃和個人發展計劃，提高個人及組織績效。

人力資源部對本次績效考評成效進行總結分析，並對以后的績效考評提出新的改進意見和方案，規劃新的人力資源發展計劃。

績效考核是一門科學，需要不斷引入新的理念、方法和藝術。只有不斷用科學發展觀及時完善考核機制，才能使管理由經驗、粗放向科學、精細轉變，從而提高管理水平，以適應企業發展的要求。

首先，應準確把握績效考評的度。績效考評機制往往體現為一定的量化標準，為了提高考評的可靠性，考評的內容應盡可能細化。但是如果將每個尺度進行細化，一味將考評指標量化，有時又會陷入不利的境界。因此，考評機制要注重實際，堅持定量與定性相結合，做到有的放矢。

其次，明確員工在考評體系中的參與界限。具體是在制定考評制度過程中讓全體員工充分瞭解和聽取建議，在執行過程中需要全體員工的遵守以及民主監督，在考評過程中應讓員工知道考核標準、考核內容、考核形式，讓更多的員工對考評產生信任感，贏得對考評工作的理解和支持。考評后應將考評結果及時反饋給員工，讓其認識工作上的優勢和不足，明確努力方向，提高整體工作水平。

再次，明確考評機構的合理分工。專職考評機構只應負責考評的制定和執行及

第七章　新辦企業的管理

監督和評估。專職考評機構只有從中組織、協調，才可以確保合理調配各方資源，盡可能避免考評機制的混亂和矛盾。

最后，明確考評與激勵之間的關係。科學的考評激勵機制應是多元化的有機組合，而絕不僅限於物質鼓勵。應善於運用現有資源，最大限度地增加員工的工作動力，調動工作積極性，開發動力的增長點。如完善精神獎勵、福利以及培訓、外出學習等各種鼓勵措施。

(七) 績效評估的注意事項

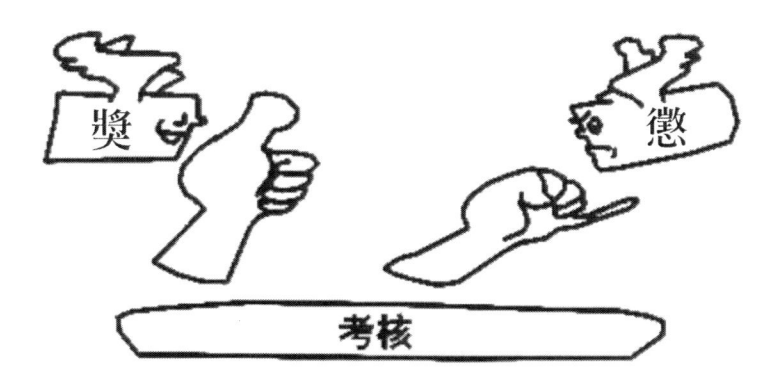

1. 注意評估方法的適用性

運用績效評估不是趕時髦，而是要運用科學的方法來檢查和評定企業員工對職位所規定職責的履行程度，以確定其工作成績，從而促進企業的人力資源管理，提高企業競爭力。當前，一些企業在進行績效評估時，盲目運用所謂新興的績效評估方法，結果導致評估失靈。平衡記分卡、360度績效考核等績效評估方法固然有其先進性，但對於你的企業來說也許並不一定適用。如果一知半解、盲目引入，有時未獲其利，可能反受其害。任何績效評估方法都不是十全十美的。沒有最好的績效評價工具，只有最適合你企業的工具。簡單實用或複雜科學、嚴厲或寬松、非正式的考核方式或系統性的考核方式，不同規模、不同文化、不同階段的公司要選用不同的方式。因此，因地制宜，順勢而為，選擇適合企業自己的績效評估方法，方為明智之舉。

2. 注意評估員工的表現力

員工在企業的表現力主要體現有三：一是工作業績。這是最重要的，例如，銷售人員業務成交次數及給公司帶來的營業收入、作業人員的錯誤率等都應作為績效評估的指標。在進行這類數字考核時，要注意理解這些數字所代表的真正意義，切不可迷信數字。例如，客服人員接聽電話的次數，並不代表他的工作績效，替顧客解決問題的比例及服務品質才是關鍵。二是員工在工作團隊中的投入程度。可請員工為自己的工作團隊打分，以瞭解團隊中每名成員在扮演主管、部屬、同事時是否盡到應盡的責任。三是員工對顧客的貢獻程度。可請顧客評估員工的表現，即使沒

有代表公司對外接觸的員工其實他們一樣有顧客，如為公司的另一個部門服務，另一個部門的員工就是這些員工的顧客。

3. 注意評估標準的合理性

績效評估標準是對員工績效的數量和質量進行監測的準則。企業在進行績效評估時，要充分考慮標準的合理性。這種合理性主要體現在五個方面：一是考核標準要全面。要保證重要的評價指標沒有遺漏，企業制定的各種考核標準要相互補充，揚長避短，共同構成一個完整的考核體系。二是標準之間要協調。各種不同標準之間在相關質的規定性方面要銜接一致，不能相互衝突。三是關鍵標準要連貫。特別是關鍵績效指標 KPI 應有一定的連貫性，否則不僅不利於考評工作的開展，而且可能導致員工對奮鬥目標的困惑。四是標準應盡可能量化，不能量化的要細化。只有科學合理的量度方法，才能讓員工相信績效評估的公正性和可行性。倘若績效量度的內容過於籠統，量度的方法不明確，員工完全有理由認為考核結果是由考核者主觀臆斷而做出的判定，無任何客觀標準和實際意義，只不過是形式上「走過場」，從而產生不滿和抵抗情緒。五是要根據團體工作目標而非個人來制定考核標準，同時針對不同層次員工和不同年齡員工的特點來制定考核標準，使標準具有針對性。

4. 注意提高員工的滿意度

績效評估是一把「雙刃劍」，正確的績效評估，能激發員工努力工作的積極性，可以激活整個組織；但如果做法不當，可能會產生負面結果。績效評估要體現公正、合理、公開，才能起到激勵作用。企業在進行績效評估時應盡力使績效評估制度完善，令員工盡量滿意。但是，員工對績效評估或獎罰仍有可能產生不滿，當員工的不滿得不到舒解，就有可能引致不理想的工作態度和行為。企業的管理者在績效評估過程中應盡力地去瞭解、發現員工對評估的不滿，進而尋找員工不滿的原因，制定措施消除不滿。因此，企業應設立正式的績效考核怨訴程序，若員工對部門考評結果不滿，可以上訴至企業的考評小組，為員工設置暢通的申訴渠道。這樣不但使員工可以通過正式的途徑表達不滿，並知道能將自己的不滿上達管理層；同時亦可使管理人員積極面對工作，不作迴避，以積極的態度解決問題，從而使員工的不滿逐漸降低，逐步培養起員工對企業的向心力，使員工的個人目標與企業的整體目標協調統一。同時企業應創造條件讓員工有更出色的表現，把員工當作企業的合作者而不是打工者，把績效評估同員工的職業生涯規劃、企業的培訓計劃有機地結合起來，而不僅僅局限於員工的薪資、獎金、任免。

5. 注意評估過程的完整性

完整的績效評估過程包括事前溝通、制定考核標準、實施考核、考核結果的分析、評定、反饋、控制等五個階段。而我們的人力資源主管們通常忽視了最前面和最后面的兩個重要過程。儘管人力資源部把績效評估系統和政策設計得比較完美，但如果事前沒有和部門主管進行有效溝通，得不到很好的理解和認同，結果肯定是白費勁。要知道績效評估的主要執行人是各部門直接主管，而不是人力資源部。績

第七章　新辦企業的管理

效評估的結果是必須讓員工知道的，這就是績效評估的反饋。如果企業做了績效評估後，卻不讓員工知道評估的結果，而只作為內部資料，這種做法就發揮不了績效評估的應有作用，從而使績效評估工作前功盡棄。此外，績效評估的效果能否充分發揮，也取決於相關的跟進措施。這主要體現在：平時的目標跟進和績效輔導是否及時？評估後能否給予相應的獎懲或改進？能否不顧情面明確指出下屬的不足？是否建立了員工投訴渠道？評估結果能否有效地運用到培訓中去？如果這些措施不完備，績效評估效果就無法保證。

【案例分析】

A 企業是一個製藥公司，銷售業績一直不好，為了提高銷售量，銷售人員的薪酬水平是公司裡級別最高的。但是，銷售人員的高工資並沒有帶來好的銷售業績，其他部門的員工意見很大。因此，公司決策層提出要對薪酬進行調整，使得薪酬更富有激勵性。如果你是 A 公司的人力資源部經理，承擔了進行薪酬體系調整的重任，那麼，如何操作才能夠使 A 公司達到薪酬調整的目標並走出困境？

【課后思考實踐】

1. 績效考核對企業、公司、團體的影響有哪些？請列舉。
2. 如果靈活運用績效考核激發員工？

四、薪酬管理

（一）薪酬管理的含義

薪酬管理是指為了實現組織的目標，激發員工的工作熱情，通過對薪酬水平和結構進行管理，將員工的薪酬與組織目標有效結合起來的一系列管理活動。管理者要做好薪酬管理工作，就必須深入分析影響薪酬管理的各項因素，掌握薪酬管理的一般原理和技術方法，適時地、動態地對薪酬結構進行調整。

薪酬管理是人力資源管理的一個重要組成部分，它與企業其他部門的各種經營、管理活動密切配合，為組織願景和目標的實現發揮了巨大的激勵作用。薪酬管理在人力資源管理中的重要地位表現在以下幾方面：

1. 薪酬管理與職位設計

二者的關係非常密切。管理者要根據職位設計和崗位分析的結果進行薪酬設計。職級設計得過窄或過寬必然導致薪酬等級的設計不合理。

2. 薪酬管理與員工招聘

企業的薪酬管理制度會傳遞企業的經濟實力、業績水平、價值導向等信息，可以為應聘者提供必要的信息支持。另外，合理的薪酬制度可以減輕員工招聘的工作量，如針對高級管理人員和技術人員的高薪酬可以迅速吸引大批合格的求職者，減少招聘宣傳工作，從而降低招聘成本。

3. 薪酬管理與培訓開發

薪酬具有激勵的功能，合理的薪酬管理會營造一種積極向上的氛圍，員工會主動要求參加培訓，進行再學習，不斷提高自身的技能和素質，從而增強整個組織的競爭力。

4. 薪酬管理與績效管理

可變薪酬作為薪酬的重要組成部分，其確定的依據就是員工的績效考核結果。合理的薪酬制度會與績效管理形成相輔相成的協調關係，提升員工的工作熱情，進而提高整個組織的工作績效。

(二) 薪酬管理的基本內容

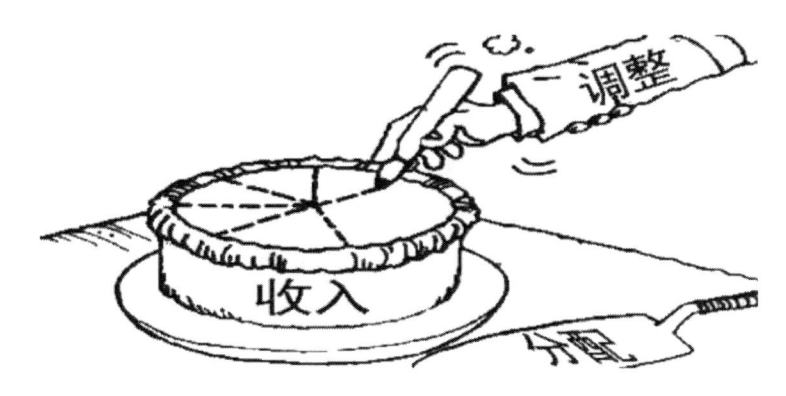

薪酬管理是否有效取決於管理者在管理過程中的一系列重要設計和選擇，這些重要的設計和選擇就構成了薪酬管理的整個過程。

薪酬管理的基本內容包括薪酬水平管理、薪酬結構管理、薪酬體系管理、薪酬關係管理、薪酬形式管理以及薪酬政策和薪酬制度管理。

1. 薪酬水平管理

薪酬水平是指企業各職位、各部門以及整個行業的平均薪酬水平，它決定著企

第七章　新辦企業的管理

業薪酬的外部競爭力。因此，企業薪酬水平的高低會對員工的吸引和保留產生很大的影響。

2. 薪酬結構管理

薪酬結構是指整體薪酬由哪些部分構成，各個構成部分又以什麼樣的比例結合在一起。比如，薪酬分為基本薪酬、可變薪酬和間接薪酬，它們各自又由不同的小模塊構成。不同的企業，其基本薪酬和可變薪酬所占的比例不同，員工所感受到的激勵性和風險性也不同。

3. 薪酬體系管理

薪酬體系的設計，即確定員工的基本薪酬以什麼為基礎。目前，國際通行的薪酬體系主要有：①職位（崗位）薪酬體系。這種薪酬體系以員工所從事工作的相對價值為基礎來確定員工的基本薪酬水平。②技能（能力）薪酬體系。這種薪酬體系是以員工自身掌握的技能水平或具備的勝任能力為基礎來確定員工的基本薪酬水平。

4. 薪酬關係管理

薪酬關係涉及企業的內部一致性問題。薪酬關係是指企業內部不同崗位或職位的薪酬水平所形成的相互比較關係，反應了企業對於職位重要性和職位價值的看法。在企業總體薪酬不變的情況下，員工很看重企業內部的薪酬關係，薪酬關係合理與否會影響員工的流動率和工作熱情。

5. 薪酬形式管理

薪酬形式是指計量勞動和支付薪酬的方式。薪酬的不同組成部分有其特定的計量勞動和支付薪酬的方式。基本薪酬多以計時、計件方式來計量勞動，支付的金額相對固定；可變薪酬多以績效來衡量員工的勞動，按照基本薪酬的一定比率支付；間接薪酬只與員工是否是本企業員工有關，通常不以貨幣形式支付。

6. 薪酬政策和薪酬制度管理

薪酬政策是企業管理者針對薪酬管理的目標，在實施薪酬管理的過程中對任務和手段的選擇和組合，是企業針對員工薪酬所採取的方針政策。基於特定的企業戰略目標和人力資源戰略目標，企業需要適時地在方針政策方面進行選擇和組合。薪酬制度是對既定薪酬政策加以具體化、操作化的規範性文件。

（三）薪酬管理的作用

薪酬管理在企業人力資源管理中的職能決定了它的重要作用。以下將從社會、企業、員工三個不同的角度來分析薪酬管理的作用。對社會而言，薪酬主要有以下作用：

1. 薪酬管理決定著人力資源的合理配置和使用

資源可以分為物質資源、財力資源和人力資源三大類。其中，具有能動作用的人力資源的配置和使用至關重要。如何使人力資源得到最充分的利用，發揮出它的

最大效能，成為現代企業管理的一個核心問題。在市場經濟條件下，薪酬作為實現人力資源合理配置的基本手段，在人力資源合理配置和使用中起著非常重要的作用。薪酬管理就是運用薪酬這一重要參數來制定各項政策，通過人力資源的流動和市場競爭，在供求平衡中形成一定的薪酬水平和薪酬級差，以此引導人力資源向合理的方向流動。這樣，組織的人力資源在崗位調換的過程中不僅實現了薪酬最大化，還達到了人崗匹配的最佳狀態，從而有利於組織目標的實現。

2. 薪酬管理直接關係到社會的穩定

薪酬是社會成員消費資料的主要來源。從經濟學的角度來看，薪酬一旦支付就意味著勞動者退出生產領域，進入消費領域。具有消費性的薪酬，既要維持員工的日常生活，又要確保實現價值的再生產。薪酬制定得過低，無法維持勞動者的基本生活水平，會使其生活受到危害；薪酬制定得過高，就會增加成本，造成物價上漲，降低產品在國際市場上的競爭力；當薪酬的增長速度超過勞動生產率的增長速度時，還會產生嚴重的成本推動型通貨膨脹，造成一時的虛假繁榮，引發「泡沫經濟」，破壞經濟結構；過高的薪酬標準還會導致勞動力需求緊縮，引起大面積失業，失業隊伍的擴大會給社會造成不安。因此，合理進行薪酬管理，既可以保證勞動者實現價值再創造，又在一定程度上抑制了成本推動型通貨膨脹的發生，從而能夠促進社會和諧、持續地發展。

對企業而言，薪酬管理具有以下重要作用：

(1) 創造企業價值。現代企業的競爭在很大程度上是高素質人力資源的競爭，企業的薪酬越具有吸引力，那麼招募到的高素質人力資源的數量就會越多，質量就會越好，企業就會創造更大的價值。

(2) 協調配置資源。企業的管理者可以利用薪酬槓桿調節員工與員工、員工與企業的關係，引導員工向著實現企業戰略的方向努力，達到有效整合企業內部資源的目的。

(3) 提高勞動效率。薪酬管理是一種很強的激勵手段，薪酬中的可變部分與員工的績效直接掛鉤，有效的薪酬管理可以調動員工的積極性，提高員工的工作質量。

(4) 控制經營成本。對企業而言，薪酬始終是一種經營成本，薪酬過高，會增加企業的成本，使企業產品喪失競爭力；薪酬過低，又會使企業在人力資源市場上失去競爭力，招募不到高素質人才。因此，企業在薪酬管理的過程中，要注意成本和收益的平衡，這樣才能使企業穩定地發展下去。

(5) 塑造企業文化。薪酬管理會對員工的工作行為、工作態度甚至價值觀產生很強的導向作用。科學和富有激勵性的薪酬管理能幫助企業塑造良好的企業文化氛圍，或者對已經存在的好的企業文化起到正強化作用。隨著人力資源管理的發展，近年來很多企業已經開始以薪酬制度的變革來帶動企業的文化變革。

第七章　新辦企業的管理

（6）推動企業變革。隨著全球經濟一體化進程的進一步加快，許多企業為了能更適應市場，更好地滿足顧客的各種需求，都在重新設計戰略、再造流程、重組結構、變革文化、建設團隊。然而這一切的變化都離不開薪酬管理的推動，薪酬管理可以引導企業員工以最快的速度適應新的企業氛圍和企業文化，接受新的企業價值觀和行為，並且能激勵員工達到新的績效目標，最終有效推動企業的整體變革。

對員工而言，薪酬管理具有以下作用：

（1）經濟保障作用。薪酬作為員工生活收入的主要來源，對員工的工作和生活具有維持和保障作用，這是其他任何收入都無法替代的。員工付出體力和腦力勞動后，必須得到足夠的補償，才可以實現連續的再生產。員工薪酬水平的高低會對其家庭的生活水平和生活方式產生直接的影響。

（2）內心激勵作用。薪酬除了能滿足員工的基本生活需求之外，也是成功、地位、自我價值實現的象徵。不同的薪酬水平反應了員工的社會地位及工作能力，高薪酬會對員工產生較強的激勵作用，使員工產生更大的滿足感、榮譽感，從而激發員工的工作熱情。

（四）薪酬制度基本類型

企業的薪酬制度大致可以分為基於員工的薪酬制度、基於工作的薪酬制度、基於績效的薪酬制度和基於能力的薪酬制度四種類型。

1. 基於員工的薪酬制度

這種薪酬制度是以單個勞動者為單位，根據勞動者的潛在勞動或勞動者本身所具有的能力來決定每個勞動者的工資標準。基於員工的薪酬制度一般包括年功序列制、技術等級工資制等。

年功序列制是基於員工的薪酬制度的典型代表，它主張工齡越長，薪酬就越高。該模式的理論設計依據是：員工的工齡越長，熟練程度越高，對企業的貢獻就越大。總體來講，年功序列制的薪酬主要由工齡、學歷等因素決定，薪酬與勞動的數量和質量是一種間接的關係。在年功序列制下，薪酬起點較低，等級之間的級差較大，薪酬機械地隨工齡的增長而定期增加。

技術等級工資制屬於能力工資的一種形式，是按照員工所達到的技能等級來確定工資等級，並按照確定的工資等級標準來支付薪酬的制度。員工獲得薪酬或加薪的主要依據是與工作相關的技能，而不是其承擔的具體工作或職位的價值。這種薪酬制度更適合技能等級比較容易界定的操作人員、技術人員等。

2. 基於工作的薪酬制度

這種薪酬制度根據工作崗位的相對價值和重要性來確定工資等級，薪酬主要由崗位責任、勞動強度、工作環境等因素決定。基於工作的薪酬制度主要有崗位薪酬制和職務薪酬制兩種形式。

在崗位薪酬制下，管理者首先應對崗位本身的價值做出客觀評價，然後根據崗位評估結果確定其薪酬等級。崗位對應的薪酬等級與擔任崗位職責的員工無關，只與崗位本身有關，對崗不對人，其薪酬構成以崗位薪酬為主要組成部分。在實際操作中，崗位薪酬制度有多種形式，如崗位等級薪酬制、崗位薪點薪酬制、崗位效益薪酬制等。

職務薪酬制是按照員工所擔任的職務來確定其薪酬水平的，不同職務有不同的薪酬標準，同一職務內又可劃分為若干等級，對每個員工都在其特定職務範圍內評定薪酬。這種薪酬制度適用於高級管理人員或專業技術人員。其不足之處在於員工只能在規定的職務範圍內升職，一旦調離，就只能領取新的職務薪酬，與原有的薪酬水平和員工的資歷無關。

3. 基於績效的薪酬制度

這種制度主要以員工的績效考核結果為依據來確定員工的薪酬，一般採用底薪加提成的方式，主要有計件工資制和佣金制等形式。績效薪酬部分按照考核方法的不同，可以分為成就薪酬、個人激勵薪酬、群體激勵薪酬、公司激勵薪酬、特色績效薪酬等形式。

4. 基於能力的薪酬制度

在人力資源管理中，能力是一種勝任力和勝任素質，它指員工所具備的能夠使自己達到某種特定績效標準的能力或所表現出的有利於績效提升的行為。基於能力的薪酬制度主要有技能薪酬制、職能薪酬制、能力資格制三種形式。

技能薪酬制就是按照員工所達到的技術能力來確定薪酬標準的制度，適用於技能等級比較容易界定的操作人員、技術人員等。職能薪酬制是根據員工履行職務能力的差別來確定薪酬標準的制度。能力資格制是以員工所擁有的技術資格、智力、資歷等來確定薪酬標準的制度，適用於生產設備技術含量很高、對員工基本素質要求很高的高新技術產業。

第七章　新辦企業的管理

（五）薪酬制度建設的基本原則及基本模式

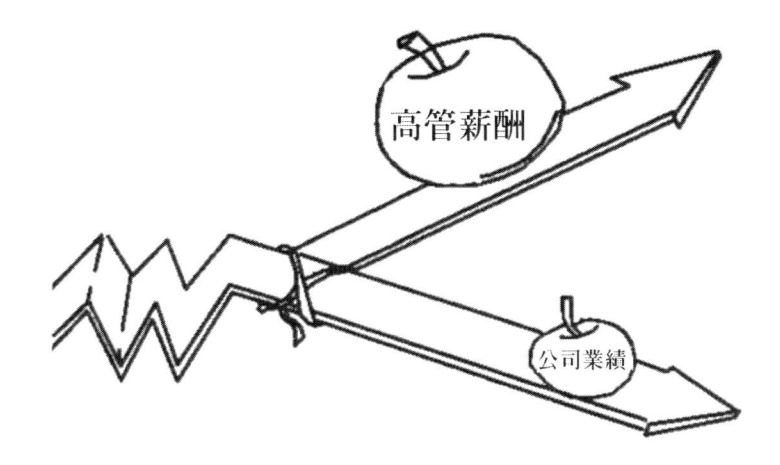

1. 薪酬制度建設的基本原則

企業的薪酬制度需要按照科學、合理的程序進行設計，合理的薪酬制度是薪酬公平的保證。企業的薪酬制度應該體現出與企業發展戰略的高度一致性，最終促進企業戰略目標的實現。

企業在進行薪酬制度建設時，所要遵循的基本原則與薪酬管理體系設計的基本原則大致相同，包括公平原則、競爭原則、激勵原則、經濟原則、多方參與原則以及戰略支持原則。

此外，企業在進行薪酬設計時，還要注意以下幾點：①薪酬制度要以明確一致的原則作為指導，要有助於實現組織戰略目標。企業應建立統一的、可說明的薪酬制度規範。②薪酬制度的建立要遵循多方參與原則，充分體現民主性、參與性。③管理者要為員工創造機會均等、公平競爭的條件，增強員工的工作積極性。

2. 薪酬制度建設的基本模式

如何設計一套科學合理的薪酬制度？一套科學合理的薪酬制度有哪些基本模式？對此，不同的企業有不同的做法。企業可以根據自身的規模、財力、人力，選擇適合自身的薪酬制度模式。以下簡單介紹一些常用的薪酬制度建設模式。

基於支付依據的薪酬制度建設模式。該模式的基本程序如下：①通過崗位評價確定內部支付依據，通過薪酬調查確定外部支付依據；②確定薪酬等級以及相鄰等級之間的級差；③將薪酬制度化；④實施與反饋。

基於企業戰略的薪酬制度建設模式。該模式的基本程序如下：①充分瞭解企業的發展戰略，並找出相關報酬因素；②通過崗位評價和薪酬調查來確定與組織戰略相對應的支付依據；③確定薪酬等級以及相鄰等級之間的級差；④將薪酬制度化；⑤實施與反饋。

基於市場的薪酬制度建設模式。該模式的基本程序如下：①通過崗位評估確定

崗位價值順序；②通過薪酬調查來確定市場工資率；③由①、②確定企業的收入政策曲線，該曲線受市場工資率和企業薪酬戰略的影響；④確定薪酬等級以及相鄰等級之間的級差；⑤將薪酬制度化；⑥實施與反饋。

企業建立薪酬制度的方法還有很多種，企業要充分瞭解自身的薪酬管理目標，選擇適宜的薪酬制度建設模式，建立科學合理的薪酬制度。

(六) 薪酬制度的實施及反饋

1. 薪酬制度的實施

薪酬制度在實施的過程中要保證公開、公正、公平，讓員工充分感受到同工同酬，以提高員工滿意度。要確保薪酬制度的公平性，需要注意以下兩個方面：一是堅持多方參與原則，讓員工參與薪酬制度的建立。這樣在薪酬制度的實施階段就會減少很多阻力。二是在支付薪酬時，企業應該向員工提供薪酬清單，讓員工充分瞭解薪酬的構成，瞭解哪些行為是企業提倡的，哪些行為是要受到處罰的。這樣做能促使員工將以後工作的重心向企業所期望的方向傾斜。

薪酬制度在正式實施前，一般都有一段試行期。採用試行的方式可以避免一定的風險，通過試行，人力資源部門既可以及時發現可能出現的錯誤，在全面實施之前進行修訂和調整，也可以測試運行的成本。試行的時間要合理，時間過長會增加試行的成本，並推遲薪酬制度全面推行的時間；時間過短又達不到糾錯的目的，還會增加制度正式實施的風險。

薪酬制度在全面實施的過程中要兼顧強制性與靈活性。所謂強制性是指薪酬制度已經確定，所有成員都必須統一遵守，未經允許，任何人不得擅自更改制度的內容和形式，企業要以多方的協調一致來保證企業整體戰略目標的實現。所謂靈活性是指在薪酬制度實施的過程中，一旦企業的發展戰略、內外部環境、競爭對手的威

第七章　新辦企業的管理

脅等發生變化，人力資源管理部門要盡快與有關部門進行商討，根據實際情況對薪酬制度進行必要的調整。

薪酬制度的實施主要包括以下幾個步驟：

（1）落實薪酬制度實施的組織和人員。企業在實施薪酬制度之前要挑選有關人員組成專門的實施團隊，負責整個實施過程的推進和統籌，同時負責與高層管理者、人力資源部門、財務部門等相關部門進行溝通，及時反饋有關信息。

（2）提供資金保障。任何一個制度的推行，都需要有一定的物資和資金作為基礎。在薪酬制度的實施過程中，薪酬項目專家組可以提前申請一部分必要的經費和補貼。

（3）做好宣傳工作。在薪酬制度實施前和實施過程中，向員工宣傳是一項必不可少的程序。通過宣傳，人力資源管理者可讓員工充分瞭解薪酬制度的合理性，以求得讚同和支持，減少實施過程中的摩擦和阻力。

（4）對實施過程進行監控。在薪酬制度的實施過程中，薪酬項目專家和薪酬制度的制定者要對薪酬制度的實施過程進行全程監控，以便及時糾正偏差和解決問題。

2. 薪酬制度的反饋

薪酬制度實施後，企業還要進行薪酬制度反饋信息的處理工作，主要是通過對反饋信息的整理和分析，充分瞭解薪酬制度的實施效果，及時發現一些疏漏和問題，並進行調整和修正。

一般而言，反饋信息主要分為外部反饋信息和內部反饋信息兩種，外部反饋信息主要包括社會輿論反響、相關主管部門的反應等。外部反饋信息的收集和處理工作有兩個重點：一是關注業內或競爭對手對新制度實行的看法；二是測試新制度是否違反國家的相關規定。內部反饋信息包括普通員工的反饋信息和高層管理人員的反饋信息。普通員工的反饋信息主要包括員工對新制度是否感到公平，員工的滿意度是否有所提高等信息。企業應當建立暢通的信息反饋系統，全面聽取員工的各種意見和建議，以達到完善薪酬制度的目的。高層管理人員的反饋信息主要集中在成本控制和是否提高了工作效率兩個方面，如企業的薪酬水平是否兼具經濟性和競爭性，員工的工作熱情是否高漲，企業的生產效率是否得到提高以及對員工的激勵措施是否有效等。

【案例】

某公司是中國目前最重要的特殊玻璃生產銷售廠家之一。現有員工500餘人，在全國有21個辦事處。隨著銷售額的不斷上升和人員規模的不斷擴大，公司整體管理水平也需要提升。公司在人力資源管理方面起步較晚，原有基礎比較薄弱，尚未形成科學的體系，尤其是薪酬福利方面的問題比較突出。公司成立初期人員較少，單憑領導一雙眼、一支筆倒可以分清楚給誰多少工資，但隨著人員的激增，過去的老辦法已然不靈，這樣做帶有很濃的個人色彩。

大學生創新創業指導

經調查，公司目前存在產品老化、工作流程過於繁雜、市場反應速度慢等不足之處。員工對目前公司的薪酬水平、員工之間的薪酬差距也不甚滿意。由於其他人力資源管理職能不健全，所以目前公司薪酬分配的依據不足，難以反應員工之間真正的能力差別、崗位價值差別和貢獻差別。

現在，該公司要重新設計工資方案，你認為怎樣才能正確地確定員工薪酬並制定出一個合理的薪酬管理制度？如何衡量薪酬管理制度的合理性？

【課堂活動】

活動形式：讓同學們以擊鼓傳花的形式分別講出自己渴望的具體工作以及薪酬。

活動內容：請同學們談談企業激勵有哪些方式，分別會對員工帶來哪些影響以及薪酬管理的方式有哪些。

活動目的：讓同學們對自己的職業生涯有一個良好的規劃，以便更好適應社會。

【課后思考實踐】

1. 談談員工激勵有哪些方式並請列舉幾點。
2. 如何設計一套科學合理的薪酬制度？

第二節　企業風險管理概述

一、企業風險的概述

（一）風險的起源

「風險」一詞的由來，最普遍的一種說法是，在遠古時期，以打魚捕撈為生的漁民們，每次出海前都要祈禱，祈求神靈保佑自己能夠平安歸來，其中主要的祈禱內容就是讓神靈保佑自己在出海時能夠風平浪靜、滿載而歸；他們在長期的捕撈實踐中，深深地體會到「風」給他們帶來的無法預測、無法確定的危險，他們認識到，在出海捕撈打魚的生活中，「風」即意味著「險」，因此有了「風險」一詞的由來。

其基本核心含義是「未來結果的不確定性或損失」，也有人進一步定義為「個人和群體在未來遇到傷害的可能性以及對這種可能性的判斷與認知」。如果採取適當的措施使破壞或損失的概率不會出現，或者說智慧地認知，理性地判斷，繼而採取及時而有效的防範措施，那麼風險可能帶來機會，由此進一步延伸的意義，不僅規避了風險，可能還會帶來比例不等的收益，有時風險越大，回報越高、機會越大。

第七章　新辦企業的管理

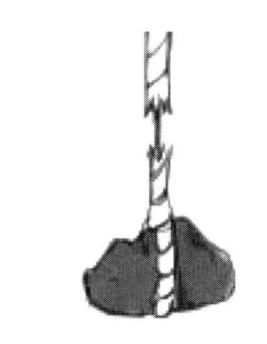

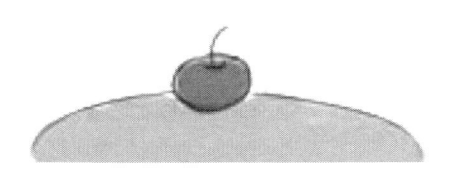

(二) 風險的定義

風險是指在某一特定環境下，在某一特定時間段內，某種損失發生的可能性。

風險有兩種定義：一種定義強調了風險表現為不確定性；而另一種定義則強調風險表現為損失的不確定性。若風險表現為不確定性，說明風險產生的結果可能帶來損失、獲利或是無損失也無獲利，屬於廣義風險，金融風險便屬於此類。而風險表現為損失的不確定性，說明風險只能表現出損失，沒有從風險中獲利的可能性，屬於狹義風險。

二、企業風險構成因素

風險是由風險因素、風險事故和損失三者構成的統一體。三者的關係為：風險因素引起或增加風險事故；風險事故發生可能造成損失。

(一) 風險因素

風險因素是指促使某一特定風險事故發生或增加其發生的可能性或擴大其損失程度的原因或條件。例如：對於建築物而言，風險因素是指其所使用的建築材料的質量、建築結構的穩定性等；對於人而言，風險因素則是指健康狀況和年齡等。

根據性質不同，風險因素可分為有形風險因素與無形風險因素兩種。

1. 有形風險因素

有形風險因素也稱實質風險因素，是指某一標的本身所具有的足以引起風險事故發生或增加損失機會或加重損失程度的因素。如一個人的身體狀況，某一建築物所處的地理位置、所用的建築材料的性質、地殼的異常變化、惡劣的氣候、疾病傳

151

染等都屬於實質風險因素。人類對於這類風險因素，有些可以在一定程度上加以控制，有些在一定時期內還是無能為力。在保險實務中，由實質風險因素引起的損失風險，大都屬於保險責任範圍。

2. 無形風險因素

無形風險因素是與人的心理或行為有關的風險因素，通常包括道德風險因素和心理風險因素。其中，道德風險因素是指與人的品德修養有關的無形因素，即由於人們不誠實、不正直或有不軌企圖，故意促使風險事故發生，以致引起財產損失和人身傷亡的因素。如投保人或被保險人的詐欺、縱火行為等都屬於道德風險因素。在保險業務中，保險人對由投保人或被保險人的道德風險因素所引起的經濟損失不承擔賠償或給付責任。心理風險因素是與人的心理狀態有關的無形因素，即由於人們疏忽或過失以及主觀上不注意、不關心、心存僥幸，以致增加風險事故發生的機會和加大損失的嚴重性的因素。例如，企業或個人投保財產保險後產生了放松對財務安全管理的思想，如產生物品亂堆放，吸菸後隨意拋棄菸蒂等的心理或行為，都屬於心理風險因素。由於道德風險因素與心理風險因素均與人密切相關，因此，這兩類風險因素合併稱為人為風險因素。

（二）風險事故

風險事故（也稱風險事件）是指造成人身傷害或財產損失的偶發事件，是造成損失的直接的或外在的原因，是損失的媒介物，即風險只有通過風險事故的發生才能導致損失。

就某一事件來說，如果它是造成損失的直接原因，那麼它就是風險事故；而在其他條件下，如果它是造成損失的間接原因，它便成為風險因素。例如：

（1）下冰雹路滑發生車禍，造成人員傷亡，這時冰雹是風險因素。

（2）冰雹直接擊傷行人，它是風險事故。

（三）損失

在風險管理中，損失是指非故意的、非預期的、非計劃的經濟價值的減少。

通常我們將損失分為兩種形態，即直接損失和間接損失。直接損失是指風險事故導致的財產本身損失和人身傷害，這類損失又稱為實質損失；間接損失則是指由直接損失引起的其他損失，包括額外費用損失、收入損失和責任損失。在風險管理中，通常將損失分為四類：實質損失、額外費用損失、收入損失和責任損失。

第七章　新辦企業的管理

【案例分析】

英國諾森羅克銀行擠兌事件

2007年受美國次級債危機導致的全球信貸緊縮的影響，英國第五大抵押貸款機構——諾森羅克銀行發生儲戶擠兌事件。9月14~18日的5天內，就有30多億英鎊從諾森羅克銀行流出，占該行存款總量的12%左右，電話銀行和網上銀行也一度出現崩潰，股價下跌70%左右，創下7年新低，成為英國遭遇本次信貸危機以來最大的受害者。最后英國財政部、英格蘭銀行與金融管理局先后採取一系列措施，才讓諾森羅克銀行的局勢得到控制。

分析：諾森羅克銀行出現擠兌事件，除了因為美國次貸危機影響導致銀行原有的融資渠道受阻（環境風險）以外，自身的風險識別能力也存在問題，其主要體現在以下幾個方面：

（1）融資過於依靠批發市場，容易受到市場上資金供求的影響（市場風險）；
（2）資產負債的利率缺口過大（技術風險）；
（3）上半年以來經營收益下降；
（4）投資美國次級債帶來損失。

【課堂活動】

題目：「圓桌會議」。
形式：小組討論。

內容：假如每個小組成員打算合夥成立一個公司，請針對自己的企業所處行業及企業自身情況分析可能存在的風險並運用相關方法對存在的風險進行識別。

【課后思考實踐】

1. 請舉例說明什麼是有形風險因素和無形風險因素。
2. 不同行業的風險因素主要是什麼？

三、企業風險管理

（一）風險管理概述

1. 風險管理的定義

風險管理是指風險管理單位通過風險識別、風險衡量、風險評估和風險決策等管理方式，對風險實施有效控制和妥善處理損失的過程。風險管理作為一門新興學科，具有管理學的計劃、組織、協調、指揮、控制等職能，同時又具有自身的獨特功能。

2. 風險管理的目標

風險管理的目標由兩個部分組成：損失發生前的風險管理目標和損失發生后的風險管理目標。前者的目標是避免或減少風險事故形成的機會，包括節約經營成本、減少憂慮心理；后者的目標是努力使損失的標的恢復到損失前的狀態，包括維持企業的繼續生存、生產服務的持續、穩定的收入、生產的持續增長、社會責任。二者有效結合，構成完整而系統的風險管理目標。

（二）風險管理的內容

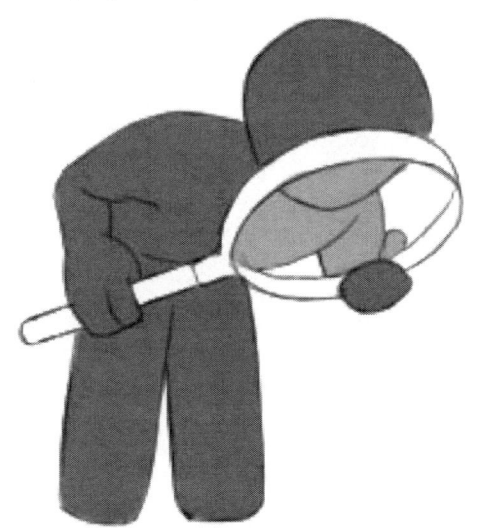

企業風險管理的內容包括企業風險識別、企業風險衡量和企業風險管理方法三個方面。企業風險識別上一節已經詳細講解，不再贅述。這裡只對企業風險衡量和企業風險處理兩個方面進行講解。

1. 風險識別的含義

風險識別是指在風險事故發生之前，人們運用各種方法系統地、連續地認識所面臨的各種風險以及分析風險事故發生的潛在原因。風險識別過程包含感知風險和分析風險兩個環節。

感知風險，即瞭解客觀存在的各種風險，是風險識別的基礎，只有通過感知風險，才能進一步在此基礎上進行分析，尋找導致風險事故發生的條件因素，為擬訂風險處理方案、進行風險管理決策服務。

分析風險，即分析引起風險事故的各種因素，它是風險識別的關鍵。

2. 風險識別的內容

（1）環境風險。它指由於外部環境意外變化打亂了企業預定的生產經營計劃而產生的經濟風險。引起環境風險的因素有：國家宏觀經濟政策變化，使企業受到意外的風險損失；企業的生產經營活動與外部環境的要求相違背而受到的制裁風險；社會文化、道德風俗習慣的改變使企業的生產經營活動受阻而導致的企業經營困難。

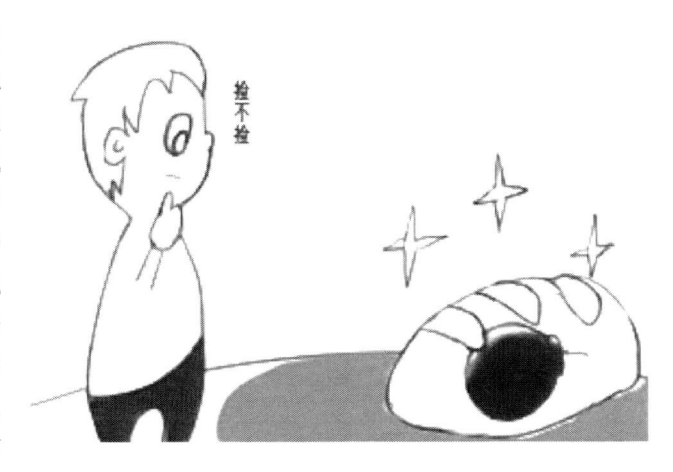

（2）市場風險。它指市場結構發生意外變化，使企業無法按既定策略完成經營目標而帶來的經濟風險。引起市場風險的因素主要有：企業對市場需求預測失誤，不能準確地把握消費者偏好的變化；競爭格局出現新的變化，如新競爭者進入所引發的企業風險；市場供求關係發生變化。

（3）技術風險。它指企業在技術創新的過程中遇到技術、商業或者市場等因素的意外變化而導致的創新失敗風險。引起技術風險的主要因素有：技術工藝發生根本性的改進；出現了新的替代技術或產品；技術無法有效地商業化。

（4）生產風險。它指企業生產無法按預定成本完成生產計劃而產生的風險。引起生產風險的主要因素有：生產過程發生意外中斷；生產計劃失誤，造成生產過程紊亂。

（5）財務風險。它是企業收支狀況發生意外變動給企業財務造成困難而引發的企業風險。

（6）人事風險。它是指涉及企業人事管理方面的風險。

（三）風險識別的方法

風險識別的主要方法有以下幾種：

1. 生產流程分析法

生產流程分析法又稱流程圖法。生產流程又叫工藝流程或加工流程，是指在生產工藝中，從原料投入到成品產出，通過一定的設備按順序連續地進行加工的過程。該種方法強調根據不同的流程，對每一階段和環節，逐個進行調查分析，找出風險存在的原因。

2. 風險專家調查列舉法

由風險管理人員將該企業、單位可能面臨的風險逐一列出，並根據不同的標準進行分類。專家所涉及的面應盡可能廣泛一些，有一定的代表性。一般的分類標準

為：直接或間接，財務或非財務，政治性或經濟性等。

3. 財務狀況分析法

這是指按照企業的資產負債表及損益表、財產目錄等財務資料，風險管理人員經過實際的調查研究，對企業財務狀況進行分析，發現其潛在風險。

4. 分解分析法

分解分析法指將一複雜的事物分解為多個比較簡單的事物，將大系統分解為具體的組成要素，從中分析可能存在的風險及潛在損失的威脅。

5. 失誤樹分析法

失誤樹分析法是以圖表示的方法來調查損失發生前種種失誤事件的情況，或對各種引起事故的原因進行分解分析，具體判斷哪些失誤最可能導致損失風險發生的方法。

（四）企業風險衡量

風險衡量也稱風險估測，是在識別風險的基礎上對風險進行定量分析和描述，即在對過去損失資料分析的基礎上，運用概率和數理統計的方法對風險事故的發生概率和風險事故發生後可能造成的損失的嚴重程度進行定量的分析和預測。

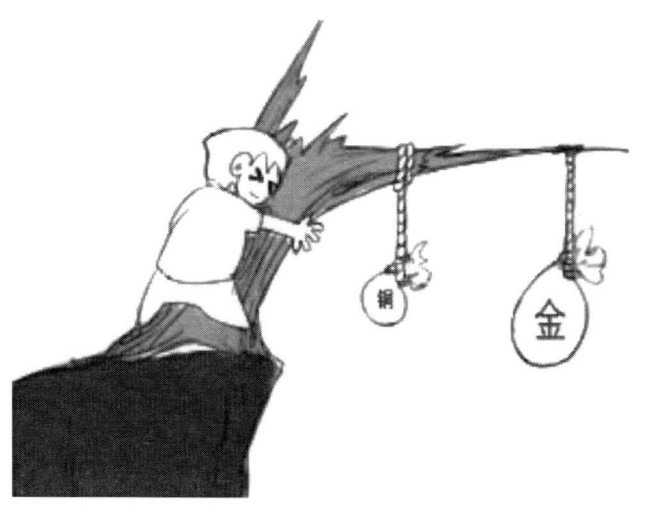

風險衡量所要解決的兩個問題是損失概率和損失嚴重程度，其最終目的是為風險決策提供信息。風險衡量所提供的主要信息有：

（1）每一風險所引起的致損事故發生的概率和損失分佈。

（2）幾種風險對同一單位所致損失的概率和損失分佈。

（3）單一風險單位的損失幅度，並在此基礎上進一步估測整個經濟單位發生致損事故的概率和總損失分佈以及某一時期內的總損失金額。

（4）所有風險單位損失的期望值和標準差。

（五）企業風險處理

企業風險處理是針對不同類型、不同規模、不同概率的企業內外部風險，採取相應的對策、措施或方法，使風險損失對企業生產經營活動的影響降到最小。

1. 避免

避免風險是指放棄某一計劃或方案從而避免可能由此而來的損失后果。這是一

第七章　新辦企業的管理

種消極的處理技術。

採用避免風險技術通常在兩種情況下進行：一是某特定風險所致損失頻率和損失幅度相當高時，二是在處理風險時其成本大於其產生的效益時。

2. 自留

自留風險是指企業或單位自我承受風險損害后果的方法。它包括主動自留和被動自留。通常情況下，在風險所致損失頻率和幅度低、損失短期內可預測以及最大損失對企業或單位不影響財務穩定時採用。

3. 預防

損失預防是指在風險損失發生前為了消除或減少可能引發損失的各種因素而採取的處理風險的具體措施，其目的在於通過消除或減少風險因素而達到降低損失發生頻率的目的。通常在損失頻率高而損失強度低時採用。常用的方法有：工程物理法和人類行為法。事故產生有兩種可能性：一是物的不安全狀態，二是人的不安全行為。「工程物理法」就是損失預防措施側重於風險單位的物質因素的一種方法，如防火結構設計、防盜裝置等；而「人類行為法」是指損失預防側重於人們行為教育的一種方法，如職業安全教育、消防教育等。

4. 抑制

損失抑制是指在損失發生時或之后為了縮小損失幅度而採取的各項措施。它是處理風險的有效技術，例如，安裝自動噴淋系統和火災報警器等。損失抑制的一種特殊形態是割離，這是指將風險單位割離成許多獨立的小單位而達到縮小損失幅度的一種方法。損失抑制法通常在損失幅度高且風險又無法避免和轉嫁的情況下採用。

5. 轉嫁

轉嫁風險是指一些單位或個人為避免承擔風險損失，有意識地將損失或與損失有關的財務后果轉嫁給另一單位或個人承擔的一種風險管理方式。常用方式有：保險轉嫁和非保險轉嫁。非保險轉嫁包括出讓轉嫁和合同轉嫁，前者主要用於投機風險中，如股票下跌時出讓股票；后者主要是企業將具有風險的經營活動承包給對方，並在合同中明確規定由對方承擔風險損失的賠償責任，如建築承保合同等。

（六）風險管理的方法

1. 頭腦風暴法

頭腦風暴法是指刺激並鼓勵一群知識淵博、知悉風險情況的人員暢所欲言，開展集體討論的方法。它適用於充分發揮專家意見，在風險識別階段進行定性分析。

頭腦風暴法的實施步驟為：①會前準備：參與人、主持人和課題任務落實要討論識別的風險主題。②就風險主題展開探討：由主持人公布會議主題並介紹與風險主題相關的情況；突破思維慣性，大膽進行聯想；主持控制好時間，力爭在有限的時間內獲得盡可能多的創意性設想。③風險主題探討意見分類與整理。

頭腦風暴法的主要優點包括：①激發了想像力，有助於發現新的風險和全新的解決方案；②讓主要的利益相關者參與其中，有助於進行全面溝通；③速度較快並易於開展。

頭腦風暴法的局限在於：①參與者可能缺乏必要的技術及知識，無法提出有效的建議；②由於頭腦風暴法相對松散，因此較難保證過程的全面性；③可能會出現特殊的小組狀況，導致某些有重要觀點的人保持沉默而其他人成為討論的主角；④實施成本較高，要求參與者有較好的素質，這些因素是否滿足會影響頭腦風暴法實施的效果。

2. 德爾菲法

（1）德爾菲法的定義

德爾菲法又稱專家規定程序調查法。該方法主要是由調查者擬定調查表，按照既定程序，以函件的方式分別向專家組成員進行徵詢；而專家組成員又以匿名的方式（函件）提交意見。經過幾次反復徵詢和反饋，專家組成員的意見逐步趨於集中，最后獲得具有很高準確率的集體判斷結果。

德爾菲法適用於：缺乏足夠的資料；作長遠規劃或大趨勢預測；影響預測事件的因素太多；主觀因素對預測事件的影響較大。

（2）德爾菲法的特點

德爾菲法是一種利用函件形式進行的集體匿名思想交流過程。它有三個明顯區別於其他專家預測方法的特點，即匿名性、多次反饋、小組的統計回答。

第一，匿名性。因為採用這種方法時所有專家組成員不直接見面，只是通過函件交流，這樣就可以消除權威的影響。這是該方法的主要特徵。匿名是德爾菲法的極其重要的特點，從事預測的專家都不知道其他有哪些人參加預測，他們是在完全匿名的情況下交流思想的。后來改進的德爾菲法允許專家開會進行專題討論。

第二，反饋性。該方法需要經過3~4輪的信息反饋，在每次反饋中使調查組和專家組都可以進行深入研究，使得最終結果基本能夠反應專家的基本想法和對信息的認識，所以結果較為客觀、可信。小組成員的交流是通過回答組織者的問題來實現的，一般要經過若干輪反饋才能完成預測。

第三，統計性。最典型的小組預測結果是反應多數人的觀點，少數派的觀點至多概括地提及一下，但是這並沒有表示出小組的不同意見的狀況。而統計回答却不

第七章　新辦企業的管理

是這樣，它報告 1 個中位數和 2 個四分點，其中一半落在 2 個四分點之內，一半落在 2 個四分點之外。這樣，每種觀點都包括在這樣的統計中，避免了專家會議法只反應多數人觀點的缺點。

（3）德爾菲法的實施步驟

德爾菲法的實施步驟如下圖：

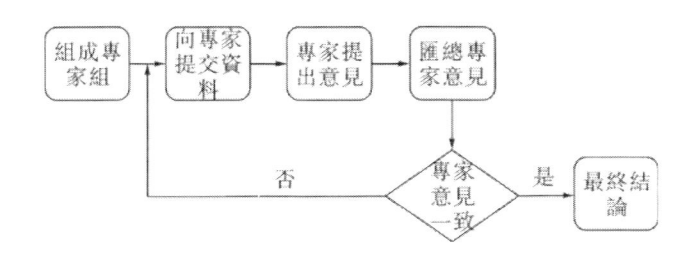

第一，組成專家小組。按照課題所需的知識範圍確定專家。專家人數的多少，可根據預測課題的大小和涉及面的寬窄而定，一般不超過 20 人。

第二，向所有專家提出所要預測的問題及有關要求，並附上有關這個問題的所有背景材料，同時請專家提出還需要什麼材料。然后，由專家做書面答覆。

第三，各個專家根據他們所收到的材料，提出自己的預測意見，並說明自己是怎樣利用這些材料並提出預測值的。

第四，將各位專家第一次判斷意見匯總，列成圖表，進行對比，再分發給各位專家，讓專家比較自己同他人的不同意見，修改自己的意見和判斷。也可以把各位專家的意見加以整理，或請身分更高的其他專家進行評論，然后把這些意見再分送各位專家，以便他們參考后修改自己的意見。

第五，將所有專家的修改意見收集起來匯總，再次分發給各位專家，以便做第二次修改。逐輪收集意見並為專家反饋信息是德爾菲法的主要環節。收集意見和信息反饋一般要經過三、四輪。在向專家進行反饋的時候，只給出各種意見，但並不說明發表各種意見的專家的具體姓名。這一過程重複進行，直到每一個專家不再改變自己的意見為止。

第六，對專家的意見進行綜合處理。

（4）德爾菲法的優點

能充分發揮各位專家的作用，集思廣益，準確性高；能把各位專家意見的分歧點表達出來，取各家之長，避各家之短。

（5）德爾菲法的局限性

權威人士的意見影響他人的意見；有些專家礙於情面，不願意發表與其他人不同的意見；出於自尊心而不願意修改自己原來不全面的意見。

3. 失效模式影響和危害度分析法

(1) 失效模式影響和危害度分析法的定義

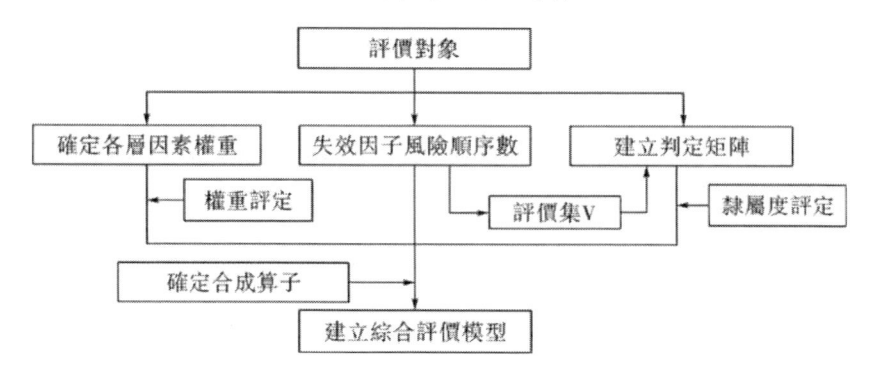

失效模式影響和危害度分析法是用來分析、審查系統的潛在故障的模式。該方法按規定的規則記錄系統中所有可能存在的影響因素，分析每種因素對系統的工作及狀態的影響，將每種影響因素按其影響的嚴重度及發生概率排序，從而發現系統中潛在的薄弱環節，提出可能採取的預防改進措施，以消除或減少風險發生的可能性，保證系統的可靠性。

(2) 失效模式影響和危害度分析法的適用範圍

失效模式影響和危害度分析法適用於對失效模式、影響及危害進行定性或定量分析，還可以對其他風險識別方法提供數據支持。

(3) 失效模式影響和危害度分析法的實施步驟

失效模式影響和危害度分析法的實施步驟如下圖：

第一，將系統分成組件或步驟，並確認各部分出現明顯故障的方式、造成這些失效模式的具體機制、故障可能產生的影響。

第二，根據故障結果的嚴重性，將每個識別出的失效模式進行分類並確定風險等級。

第三，識別風險優先級，這是一種半定量的危害度測量方法，其將故障后果、可能性和發現問題的能力進行等級賦值（通常為1~10）並相乘來獲得危險度。

第四，失效模式影響和危害度分析法將獲得一份故障模式、失效機制及其對各組件、系統或過程步驟影響的清單，該清單將包含系統失效的可能性、失效模式導致的風險程度等結果，如果使用合適的故障率資料和定量結果，失效模式影響和危害度分析法可以輸出定量結果。

(4) 失效模式影響和危害度分析法的主要優點

廣泛適用於人力、設備和系統失效模式，以及硬件、軟件和程序；識別組件失效模式及其原因和對系統的影響，同時用可讀性較強的形式表現出來；通過在設計初期發現問題，避免了開支較大的設備改造；識別單點失效模式以及對冗余或安全系統的需要。

第七章 新辦企業的管理

(5) 失效模式影響和危害度分析法的局限性

只能識別單個失效模式，無法同時識別多個失效模式；除非得到充分控制並集中充分精力，否則研究工作不僅耗時而且開支較大。

4. 流程圖分析法

(1) 流程圖分析法的定義

流程圖分析法是對流程的每一階段、每一環節逐一進行調查分析，從中發現潛在風險，找出導致風險發生的因素，分析風險產生後可能造成的損失以及對整個組織可能造成的不利影響。

(2) 流程圖分析法的適用範圍

通過業務流程圖方法，對企業生產或經營中的風險及其成因進行定性分析。

(3) 實施步驟

根據企業實際繪製業務流程圖；識別流程圖上各業務節點的風險因素，並予以重點關注；針對風險及產生原因，提出監控和預防的方法。

(4) 流程圖分析法的主要優點

清晰明瞭，易於操作，且組織規模越大，流程越複雜，流程圖分析法就越能體現出優越性；通過業務流程分析，可以更好地發現風險點，從而為防範風險提供支持。

(5) 流程圖分析法的局限性

該方法的局限主要表現為使用效果依賴於專業人員的水平。

5. 風險評估系圖法

(1) 風險評估系圖法的定義

風險評估系圖法是用以評估風險影響的常見的定性方法。風險評估系圖識別某一風險是否會對企業產生重大影響，並將此結論與風險發生的可能性聯繫起來，為確定企業風險的優先次序提供框架。

(2) 風險評估系圖法的適用範圍

風險評估系圖法適用於對風險初步的定性分析。

(3) 風險評估系圖法的實施步驟

風險評估系圖法的實施步驟為：第一，根據企業實際繪製風險評估系圖；第二，與影響較小且發生的可能性較低的風險相比，具有重大影響且發生的可能性較大的風險尤其需要關注；第三，分析每種風險的重大程度及影響。

(4) 風險評估系圖法的主要優點和局限性

風險評估系圖法的主要優點在於：風險評估系圖法作為一種簡單的定性方法，直觀明瞭。

風險評估系圖法的局限性在於：如需要進一步探求風險原因，則顯得過於簡單，缺乏有效的經驗證明和數據支持。

6. 情景分析法

(1) 情景分析法的定義

情景分析法又稱前景描述法，是假定某種現象或某種趨勢將持續到未來的前提下，對預測對象可能出現的情況或引起的後果做出預測的方法。

(2) 情景分析法的適用範圍

情景分析法適用於通過模擬不確定性情景，對企業面臨的風險進行定性和定量分析。

(3) 情景分析法的實施步驟

首先，在建立了團隊和相關溝通渠道，同時確定了需要處理的問題和事件的背景之後，確定可能出現變化的性質；其次，對主要趨勢、趨勢變化的可能時機以及對未來的預見進行研究。

(4) 情景分析法的優點

情景分析法的主要優點表現為：對於未來變化不大的情況能夠給出比較精確的模擬結果。

(5) 情景分析法的局限性

情景分析法的局限性表現為：在存在較大不確定性的情況下，有些情景可能不夠現實；在運用情景分析時，主要的難點涉及數據的有效性以及分析師和決策者開發現實情境的能力，這些難點對結果的分析具有修正作用；如果將情景分析作為一種決策工具，其危險在於所用情景可能缺乏充分的基礎，數據可能具有隨機性，同時可能無法發現那些不切實際的結果。

(七) 風險管理的意義

1. 有利於企業在面對風險時做出正確的決策，提高企業應對能力

在經濟日益全球化的今天，企業所面臨的環境越來越複雜，不確定因素越來越多，科學決策的難度大大增加，企業只有建立起有效的風險管理機制，實施有效的風險管理，才能在變幻莫測的市場環境中做出正確的決策。

2. 有利於企業經營目標的實現，增強企業經濟效益

企業經營活動的目標是追求股東價值最大化、利潤最大化，但在實現這一目標的過程中，難免會遇到各種各樣的不確定性因素，從而影響到企業經營活動目標的實現。因此，企業有必要進行風險管理，化解各種不利因素的影響，以保證企業經營目標的實現。

第七章 新辦企業的管理

3. 有利於促進整個國民經濟的健康發展

企業是國民經濟的基礎,企業的興衰與國民經濟的發展息息相關。因此應通過實施有效的風險管理,降低企業的各種風險,提高企業應對風險的能力和市場競爭能力,以企業的健康發展促進整個國民經濟的良性發展。

【案例分析】

三鹿集團敗於風險管理失控

2008年6月28日,蘭州市解放軍第一醫院收治了首例患「腎結石」病的嬰幼兒。據家長反應,這些孩子從出生就一直食用河北石家莊三鹿集團所生產的三鹿嬰幼兒奶粉,7月中旬,甘肅省衛生廳報告衛生部,隨后兩個月,該醫院收治的患嬰人數達到14名。

2008年9月11日晚,石家莊三鹿集團股份有限公司發布產品召回聲明,稱經公司自檢發現2008年8月6日前出廠的部分批次三鹿牌嬰幼兒奶粉受到三聚氰胺的污染,市場上大約有700噸。為對消費者負責,該公司決定立即對該批次奶粉全部召回。

2008年9月12日,三鹿集團全面停產,2009年2月12日,法院宣布三鹿集團破產。

分析:

(1)只看重規模擴張,管理層人員風險意識淡薄,缺乏風險識別的能力;

(2)企業快速成長,管理存在巨大風險;

(3)企業危機處理不當,導致風險失控,風險管理方法運用不當。

【課堂活動】

形式:小組討論。

內容:每組學生自行選擇一家知名企業,運用相關的風險管理方法分析該企業存在的風險,並提出合理的風險管理建議。

目的:鞏固本節所講知識點,加深學生對本節知識點的理解和運用。

【課后思考實踐】

1. 不同企業風險管理方法的特點以及適用範圍是什麼?

2. 結合自己將要創辦的企業,選取兩種以上的風險管理辦法進行風險控制管理分析。

第八章　創新創業政策

近年來，為鼓勵高校畢業生自主創業，以創業帶動就業，國家出抬了一系列優惠政策鼓勵高校畢業生自主創業。在新常態下，熟悉並掌握相關的創新創業政策法規，對在校大學生尤為重要。

通過本章學習，你將能夠：
1. 瞭解國家層面頒布的創新創業相關政策；
2. 掌握申請創業補貼的流程和注意事項；
3. 預測申請小額貸款過程中可能存在的風險。

第一節　創新創業相關政策

一、國家的相關政策

2014 年，國務院辦公廳發布《關於做好 2014 年全國普通高等學校畢業生就業創業工作的通知》（以下簡稱《通知》），出抬多項優惠政策大力促進高校畢業生引領計劃。《通知》規定，2014—2017 年，在全國範圍內實施大學生創業引領計劃，通過提供創業服務，落實創業扶持政策，提升創業能力，幫助和扶持更多高校畢業生自主創業。各地公共就業人才服務機構要為自主創業的高校畢業生做好人事代理、檔案保管、社會保險辦理和接續、職稱評定、權益保障等服務。各地區、各有關部門要進一步落實和完善工商登記、場地支持、稅費減免等各項創業扶持政策。

第八章　創新創業政策

（一）註冊資本登記制度改革

2014年2月7日，國務院印發《註冊資本登記制度改革方案》，決定從2014年3月1日起在全國推行註冊資本登記制度改革，實行註冊資本認繳等級制。國家工商總局為配套改革實施決定同步啟用新版營業執照。

新制度一方面實現了簡政，放寬了註冊資本登記條件，簡化了登記材料，工商部門只登記工商認繳的註冊資本總額，無須登記實收資本，不再收取驗資證明文件。另一方面做到了放權，公司股東（發起人）獲得四項權利：一是取消有限責任公司最低註冊資本3萬元、一人有限責任公司最低註冊資本10萬元、股份有限公司最低註冊資本500萬元的限制，也就是說理論上可以「一元錢辦公司」；二是自主約定公司設立時全體股東（發起人）的首次出資比例，為因資金受限的特困人員、大學畢業生等弱勢群體提供「零門檻」「零首付」創業條件；三是自主約定出資方式和貨幣出資比例，對於高科技、文化創意、現代服務業等創新型企業可以靈活出資，提高知識產權、實物、土地使用權等財產形式的出資比例；四是自主約定公司股東（發起人）繳足出資的出資期限，最大限度地提高公司股東（發起人）資金使用效率。

新制度簡化了住所（經營場所）登記手續。申請人提交場所合法使用證明即可予以登記。鼓勵各地充分利用現有資源建設大學生創業園、創業孵化基地和小企業創業基地，為高校畢業生提供創業經營場所支持。高校畢業生創業無法提交住所（經營場所）產權證明的，可以提交市場開辦者、各類園區管理委員會、村（居）委會出具的同意在該場所從事經營活動的相關證明，辦理工商註冊登記。

新制度還要求推行電子營業執照和全程電子化登記管理，實行全國統一標準規範的電子營業執照，為電子政務和電子商務提供身分認證和電子簽名服務保障。電子營業執照載有工商登記信息，與紙質營業執照具有同等的法律效力。

（二）稅收優惠

財政部、國家稅務總局和人力資源社會保障部聯合印發的《關於繼續實施支持和促進重點群體創業就業有關稅收政策的通知》規定，自2014年1月1日至2016年12月31日，繼續實施《財政部 國家稅務總局關於支持和促進就業有關稅收政策的通知》所規定的稅收優惠政策，同時完善了相關政策，進一步加大支持力度：持《就業失業登記證》（註明「自主創業稅收政策」或附《高校畢業生自主創業證》）的高校畢業生在畢業所在自然年度（即1月1日至12月31日）從事個體經營的，3年內按每戶每年8,000元為限額依次扣減其當年實際應繳納的城市維護建設稅、教育稅附加、地方教育附加和個人所得稅。

（1）高校畢業生創辦的小型微型企業，按規定落實好減半徵收企業所得稅，月銷售額不超過2萬元的暫免徵收增值稅和營業稅等稅收優惠政策。

（2）留學回國的高校畢業生自主創業，符合條件的，可享受現行高校畢業生創業扶持政策。

（三）小額擔保貸款和貼息支持

根據《關於做好 2014 年全國普通高等學校畢業生就業創業工作的通知》和由中國人民銀行、財政部、人力資源和社會保障部 2008 年聯合發布的《關於進一步改進小額擔保貸款積極推動創業促就業的通知》規定：

（1）對符合條件的高校畢業生自主創業的，可在創業地按規定申請小額擔保貸款。

（2）從事微利項目的，可享受不超過 10 萬元貸款額度的財政貼息扶持，對合夥經營和組織起來就業的，可根據實際需要適當提高貸款額度。

（3）在電子商務網路平臺開辦「網店」的高校畢業生，可享受小額擔保貸款和貼息政策。

（四）免收有關行業行政事業性收費

為貫徹落實黨的十七大提出的「實施擴大就業的發展戰略，促進以創業帶動就業」的總體部署，全面實施《中華人民共和國就業促進法》的有關規定，國務院辦公廳於 2008 年批轉了人力資源和社會保障部等 11 個部門聯合發出的《關於促進創業帶動就業工作的指導意見》，明確提出：畢業 2 年以內普通高校畢業生從事個體經營（除國家限制的行業外）的，自其在工商部門首次註冊登記之日起 3 年內，免收管理類、登記類和證照類等有關行政事業性收費。

（五）享受培訓補貼

為充分發揮就業專項資金的作用，提高資金使用的安全性、規範性和有效性，財政部、人力資源和社會保障部發布了《關於進一步加強就業專項資金管理有關問題的通知》，明確提出：對高校畢業生在畢業學年（即從畢業前一年 7 月 1 日起的 12 個月）內參加創業培訓的，根據其獲得創業培訓合格證書或就業、創業情況，按規定給予培訓補貼；進入「高校學生科技創業實訓基地」創辦企業，可享受減免 12 個月的房租、專業技術服務與諮詢、相應的公共設施以及公共服務平臺等優惠。

（六）落戶優惠政策

國務院《關於做好 2014 年全國普通高等學校畢業生就業創業工作的通知》要求取消高校畢業生落戶限制（直轄市按有關規定執行）。省會及以下城市，應屆畢業生憑《普通高等學校畢業證書》、《全國普通高等學校畢業生就業報到證》、與用人單位簽訂的《就業協議書》或勞動（聘用）合同辦理落戶手續；非應屆畢業生憑與用人單位簽訂的勞動（聘用）合同和《普通高等學校畢業證書》辦理落戶手續。高校畢業生到小型微型企業就業，自主創業的，其檔案可由當地市、縣一級的公共就業人才服務機構免費保管。

國務院總理李克強在政府工作報告中提到：「堅持實施就業優先戰略和更加積極的就業政策，優化就業創業環境，以創新引進創業，以創業帶動就業。」通過「創業帶動就業」尤其是鼓勵大學生創新創業，不僅是增加就業的一項手段，也是就業工作的一大亮點。對此，國家已在陸續推出相關的政策措施。如十八屆三中全

第八章　創新創業政策

會就對就業創業工作做出明確部署，提出「完善城鄉均等的公共就業創業服務體系」「構建勞動者終身培訓體系」等多項具體措施。這些具體措施將有助於推動「以創業帶動就業」要求的快速落地。

二、四川省相關政策

（一）關於創業補貼

1. 補貼對象

（1）四川省內普通高等學校全日制在校大學生（以下簡稱在校大學生）或畢業5年內、處於失業狀態的普通高等學校全日制畢業生（含國家承認學歷的留學回國人員，以下簡稱高校畢業生），在四川省高校各類創新創業平臺或地方建立的大學生創新創業孵化基地內領辦且正在孵化的創業項目。

（2）2014年1月1日后，在校大學生或高校畢業生在四川省通過工商註冊、民政登記以及其他依法設立、免於註冊或登記等方式創辦的實體、農業職業經理人，應經縣級及以上人民政府指定部門認定並正常持續經營。開辦「網店」的應符合以下條件：

①所開「網店」應依託國家商務部和四川省商務廳公布的電子商務示範企業設立的電子商務平臺。

②所開「網店」應進行商品實物交易或開展文化創意、諮詢設計等服務，正常持續經營半年以上（在校大學生應持續經營至畢業年度）。申請補貼前半年內商品實物成功交易在1,000筆以上，開展文化創意、諮詢設計等服務的，銷售額度在2萬元以上，無違法違規交易行為。

2. 申報程序

（1）申請

①申請人

在校大學生或高校畢業生個人領辦且正在孵化的創業項目，由本人提出申請；創業團隊領辦且正在孵化的創業項目，由團隊負責人以團隊名義提出申請。創業實體由領辦人提出申請。開辦「網店」的在校大學生，應在畢業年度3月31日前申請。

②受理機構

在高校創新創業平臺內的創業項目和創業實體，由平臺所屬高校受理；在高校創新創業平臺外的創業項目和創業實體，由創業所在縣（市、區）公共就業服務管理機構受理。

③申請材料

由個人領辦的創業項目應提供以下材料：本人學生證（畢業生提供畢業證和就業失業登記證）、身分證複印件、創業項目計劃書、創業補貼申報表。

由創業團隊領辦的創業項目應提供以下材料：團隊負責人學生證（畢業生提供畢業證和就業失業登記證）、身分證複印件、創業項目計劃書、創業補貼申報表。

創業實體應提供以下材料：領辦人學生證（畢業生提供畢業證和就業失業登記證）、身分證複印件、創業實體概述、創業補貼申報表、工商註冊或民政登記證書複印件（開辦「網店」的，應提供「網店」網址和登記註冊網頁截圖、支付平臺收支明細、銷售產品列表及單價等證明材料；農業職業經理人應提供縣級及以上人民政府指定部門的資格認定和正常持續經營的相關材料；其他免於註冊或登記的創業實體所需認定材料，由所在市、州人力資源和社會保障部門會同財政等相關部門確定）。

(2) 審查

①在高校創新創業平臺內的創業項目和創業實體，由平臺所屬高校牽頭、所在市（州）人力資源和社會保障部門參與初審，對創業項目應組織專家評估。初審完成后，在平臺所屬高校內公示 7 天。公示無異議的，由高校將申請材料、公示情況和初審意見等材料報教育廳。經教育廳匯總審核並送人力資源和社會保障廳和財政廳復核，由人力資源和社會保障廳會同教育廳、財政廳向高校出具審核意見。教育廳、人力資源和社會保障廳和財政廳分別於每年 5 月和 10 月對申請材料進行集中審核、復核。

②在高校創新創業平臺外的創業項目和創業實體，由所在縣（市、區）公共就業服務管理機構初審。初審完成后，在創業所在地公示 7 天。公示無異議的，由公共就業服務管理機構將申請材料、公示情況和初審意見等材料報同級人力資源和社會保障部門審核、財政部門復核。經人力資源和社會保障部門、財政部門審核后，向公共就業服務管理機構出具審核意見。

(3) 資金撥付

①對高校創新創業平臺內的創業項目和創業實體，由人力資源和社會保障廳根據審核意見，向高校撥付資金，由高校組織發放。

②對高校創新創業平臺外的創業項目和創業實體，由所在縣（市、區）公共就業服務管理機構根據審核意見組織發放。

在校大學生和高校畢業生只能享受一次創業補貼。

(二) 關於小額擔保貸款

1. 在校大學生的申報材料及辦理程序

領辦創業實體（不含「網店」和農業職業經理人）的在校大學生，可向其就讀高校提出額度不超過 10 萬元、期限不超過 2 年的小額擔保貸款申請。申報材料應附：領辦人學生證和身分證複印件、小額擔保貸款申報表、創業實體註冊或登記證書複印件等。經高校集中審查並現場確認，由高校交所在縣（市、區）公共就業服務管理機構按現行規定辦理，由地方政府設立的擔保基金提供擔保。高校應為申請貸款的在校大學生提供反擔保。經辦銀行應將在校大學生小額擔保貸款單獨統計，

第八章　創新創業政策

財政部門單獨辦理貼息資金清算。

2. 開辦「網店」的高校畢業生的申報材料及辦理程序

開辦「網店」的高校畢業生，可向創業所在縣（市、區）公共就業服務管理機構申請小額擔保貸款。進行工商註冊的，按現行規定辦理。未進行工商註冊的，應提供「網店」網址和登記註冊網頁截圖、支付平臺收支明細、銷售產品列表及單價等證明材料以及按規定應提供的其他申報材料，並按現行程序辦理。

（三）關於求職補貼

普通高等學校全日制畢業年級的殘疾學生，申請求職補貼需提交本人身分證和殘疾人證複印件、個人銀行帳號等材料。補貼標準、辦理程序和經費渠道與城鄉低保家庭畢業生求職補貼一致。低保家庭的殘疾學生，不重複享受。

（四）關於創業培訓補貼

高校對自主創業願望強、有一定創業潛力和培訓需求的在校大學生進行統計，並向所在市（州）人力資源和社會保障部門提出培訓需求。人力資源和社會保障部門根據需求情況，制定年度在校大學生培訓計劃，並組織有資質的培訓機構開展培訓。大學生在校期間可享受一次創業培訓補貼，補貼標準及辦理程序按現行規定執行。

（五）關於社會保險補貼

對辦理了失業登記的離校未就業高校畢業生，實現靈活就業並按規定繳納社會保險費的，可向失業登記的公共就業服務管理機構申請社會保險補貼。申請時應提供以下材料：本人身分證、畢業證和就業失業登記證複印件、街道（鄉鎮）公共就業服務平臺出具的靈活就業證明、社會保險繳費憑證等。申領程序、補貼標準、資金渠道比照就業困難人員靈活就業相關規定執行，補貼期限最長不超過2年。

【課堂活動】

目的：測試學生對大學生創新創業相關優惠政策的把握程度。

內容：A同學大學期間經營一家淘寶網店賣衣服，聽說大學生開網店可以申請創業補貼，所以前往學校就業指導中心向老師B諮詢相關的申報條件和注意事項。

形式：具體的場景信息自行設計，請有意向、感興趣的同學上臺扮演同學A和教師B。角色扮演結束之后兩位同學就角色扮演中創新創業政策的把握度互相點評，老師做最后的總結。

【課后思考實踐】

1. 國家層面針對大學生創業頒布了哪些具體的優惠政策？
2. 四川省在校大學生申請小額擔保貸款的申報材料包括哪些？辦理程序是什麼？

第二節　創新創業相關法

一、創新創業的主要法律

法律面前，人人平等。對大學生創業者而言，從企業設立、財務稅收到人事管理甚至破產倒閉，都需要嚴格遵守法律規定。大學生創業涉及的主要法律有以下幾個方面：

（一）企業設立方面的主要法律

設立企業從事經營活動，必須到工商行政管理部門辦理登記手續，領取營業執照；如果從事特定行業的經營活動，還須事先取得相關主管部門的批准文件。中國企業立法已經不再延續按企業所有制立法的舊模式，而是按企業組織形式分別立法。根據《中華人民共和國民法通則》《中華人民共和國公司法》《中華人民共和國合夥企業法》《中華人民共和國個人獨資企業法》《中華人民共和國中外合資經營企業法》《中華人民共和國中小企業促進法》等法律規定，企業的組織形式可以是股份制有限公司、有限責任公司、合夥企業、個人獨資企業，其中以有限責任公司最常見。企業成立時應該依據《中華人民共和國公司登記管理條例》等法規規範辦理登記手續。

（二）企業發展方面的主要法律

企業設立後，與政府部門打交道最多的，應該是稅務登記和財務方面的工作。這其中涉及稅法和財務制度，因此，創業需要瞭解企業要繳納哪些稅。不僅需要瞭解增值稅、所得稅的規定等，還需要瞭解哪些支出可以列為成本、開辦費、固定資產怎麼攤銷等。聘用員工就涉及勞動法和社會保險的問題，需要瞭解勞動合同、試用期、服務期、商業秘密、競業禁止、工傷、養老金、住房公積金、醫療保險、失業保險等諸多規定。企業發展過程中，還需要處理知識產權問題，既不能侵犯別人的知識產權，又要建立自己的知識產權保護體系，瞭解《中華人民共和國著作權》《中華人民共和國商標法》《中華人民共和國專利法》對大學生瞭解著作權、商標、域名、商號、專利、技術秘密等各自的保護方法具有重要意義。

（三）其他常用的主要法律

與企業經營活動相關的法律很多，在創業初期，我們應當瞭解相關的法律，以確保合法經營，避免違法，保障自己應有的合法權益。以下是大學生在創業初期應當瞭解和關注的主要法律及其規範宗旨：

《中華人民共和國合同法》：規範合同關係，約束合同雙方，保證合同的遵守，維護雙方利益，保障合同關係的穩定。

《中華人民共和國勞動法》：規範企業的勞動制度，保障企業員工的權益，保證勞資關係的和諧。

第八章　創新創業政策

《中華人民共和國反不正當競爭法》：規範企業之間的市場競爭，保護企業的合法權益，懲治競爭中的不正當行為。

《中華人民共和國消費者權益保護法》：保護消費者的合法權益，規範企業的經營生產，保證企業的產品質量。

另外，《中華人民共和國擔保法》《中華人民共和國票據法》《中華人民共和國會計法》《中華人民共和國物權法》等基本民商法律也是大學生創新創業必須瞭解的。還有一些法律是作為公民就需要瞭解的，而作為企業經營者則更應該瞭解，如《中華人民共和國民法通則》《中華人民共和國刑法》《中華人民共和國民事訴訟法》。

二、創新創業的主要法規

法規指國家機關制定的規範性文件，一般用「條例」「規定」「規則」「辦法」稱謂。

如中國國務院制定和頒布的行政法規，省、自治區、直轄市人大及常委會制定和公布的地方性法規。省、自治區人民政府所在市，經過國務院批准的較大的市的人大及其常委會，也可以制定地方性法規，報省、自治區的人大及其常委會批准後施行。法規也具有法律效力。

對大學生而言，在開始創業前除了要瞭解創新創業的相關法律條文，還需要熟知國家以及各級政府部門針對創新創業所設立的相關法規、規章。

設立企業時，需要瞭解《中華人民共和國企業登記管理條例》《中華人民共和國公司登記管理條例》等工商管理法規、規章，以及有關開發區、高科技園區、軟件園區（基地）等方面的法規、規章、有關地方規定，這樣有助於選擇創業地點，以享受稅收等優惠政策。中國實行法定註冊資本制，如果不是以貨幣資金出資，而是以實物、知識產權等無形資產或股權、債權等出資，還需要瞭解有關出資、資產評估等法規的規定。

《中華人民共和國企業所得稅法》《中華人民共和國增值稅暫行條例》《中華人民共和國稅收徵收管理法》等法規及稅法和財務制度，創業者應該瞭解。聘用員工時涉及社會保險問題，需要瞭解《中華人民共和國社會保險法》《中華人民共和國工傷保險條例》《中華人民共和國最低工資規定》等諸多法規。

【課堂活動】

題目：「最強大腦」。

目的：考查學生對創新創業相關法律的記憶量。

內容：說出你知道的創新創業相關的法律名稱。

大學生創新創業指導

形式：邀請3位學生到臺前，不能借助書本和電子設備，輪流說出一個跟創新創業相關的法律，說錯或者不知道的學生淘汰，堅持到最後的學生獲勝。

【課后思考實踐】

1. 我們可以通過哪些途徑去瞭解和收集國家最新的創新創業相關法律法規？
2. 如果你在創業過程中遇到資金問題，可以向哪些部門尋求幫助？

國家圖書館出版品預行編目(CIP)資料

大學生創新創業指導/ 蔡松伯、王東暉、王小方 主編. -- 第一版.
-- 臺北市 : 崧博出版 : 財經錢線文化發行, 2018.10

　面 ;　　公分

ISBN 978-957-735-512-6(平裝)

1.大學生 2.創業 3.職業輔導

525.619　　　　107015588

書　　名：大學生創新創業指導
作　　者：蔡松伯、王東暉、王小方 主編
發行人：黃振庭
出版者：崧博出版事業有限公司
發行者：財經錢線文化事業有限公司
E-mail：sonbookservice@gmail.com
粉絲頁　　　　　　　　　網　　址：
地　　址：台北市中正區延平南路六十一號五樓一室
8F.-815, No.61, Sec. 1, Chongqing S. Rd., Zhongzheng
Dist., Taipei City 100, Taiwan (R.O.C.)
電　　話：(02)2370-3310　傳　真：(02) 2370-3210
總經銷：紅螞蟻圖書有限公司
地　　址：台北市內湖區舊宗路二段 121 巷 19 號
電　　話：02-2795-3656　傳真：02-2795-4100　網址：
印　　刷：京峯彩色印刷有限公司（京峰數位）

　　本書版權為西南財經大學出版社所有授權崧博出版事業有限公司獨家發行
電子書繁體字版。若有其他相關權利及授權需求請與本公司聯繫。

定價：350元

發行日期：2018 年 10 月第一版

◎ 本書以POD印製發行